これからの
保育内容

白鷗大学　幼児教育・保育研究会　編著

一藝社

はじめに

　かつては予想もしなかった疫病が世界的に蔓延し、わが国の大学教育も多くの対応に迫られることとなりました。激動する時間を過ごしながらも、一方で、本書刊行に関するディスカッションが白鷗大学の保育者養成に関わる教員間で何度も行われました。疫病を前になす術もない無力感や、おそらく再現されることがないであろう過去に対する喪失感を抱きつつ、一冊の書物を刊行しようという同僚性を発揮することができたのは、未来に対する希望を失わず、難局を乗り越えようとする教員の姿を学生達に範として示したかったからだと考えています。

　こうした背景を持ちながら作成された本書には、以下のような特徴があります。

　まず、同一組織に関わる教員達が保育者養成の理念を共有しつつ、それぞれの専門性に基づいて、多角的かつ総合的に「保育内容」を論じているという点です。本書を通じて読者には、生活と遊びにおける子どもの様々な経験が有機的に関連していることを読み取っていただければと思います。次に、保育内容を論じる書物の多くがその普遍性を中心に論究していることに対し、本書では保育内容の最新動向を中心に扱いました。皆様には本書での学びを経て、保育内容の普遍的価値を再考していただければと思います。さらに、保育内容をめぐり理論と実践の往還性を示したいという観点から、保育現場での実践経験に基づくコラムと、芸術家でもある本学教員による挿画を掲載しました。本書の理念を多面的に学べることと思います。

　子どものよりよい人間形成のために、さらに向こうへと前進することのできる保育者をめざして、本書を活用してください。

　出版に際し一藝社小野道子社長、編集の川田直美氏には、大変お世話になりました。心より感謝申し上げます。

2021 年 7 月吉日

白鷗大学　幼児教育・保育研究会

有馬知江美

岩城　淳子

中村三緒子

目 次

PART2　保育内容の展開

PART1

保育内容の

領域

第1章
保育内容総論

概要

（1）保育内容総論とは

　「保育内容総論」は 2010（平成 22）年の保育士養成課程改正を受け、2011（平成 23）年度より「保育内容総論」が新設され、指定養成施設において授業が実施されるようになりました。従来、一括して示されていた「保育内容」が保育内容総論と保育内容演習とに分かれました。

　保育内容総論では、園生活全体を視野にいれて総合的に指導するという幼稚園教育における指導の考え方や指導計画の考え方を学ぶこと、とされています。子どもの遊びや活動は全体としてみることが大切であり、5 領域はつながりあい絡み合っています。また、幼児期の終わり頃の姿は 3 歳、4 歳、5 歳の遊びや活動の積み重ねによる子どもの育ちにつながります。教育課程や指導クラス運営、行事に向かう期別計画、一日の指導計画の流れ、教師の役割、環境構成と保育の見通しの中でとらえることが必要です。幼稚園教育要領の第 1 章総則、第 1 幼稚園教育の基本に書かれていることを基本として、具体的な幼児の姿と関連づけながら、環境を構成し、実践するために必要な知識や技能を身に付けるようにします。そのために、全ての遊びや活動、生活場面に関わる幼児の長期的な発達や幼児同士の関わりを理解する必要があります。

（2）中央教育審議会答申

　2016（平成 28）年中央教育審議会答申では、学習指導要領の知（確か

な学力）・徳（豊かな人間性）・体（健康・体力）にわたる「生きる力」を、将来子ども達がより一層確実に育むためには何が必要かが示されています。人口知能（AI）の進化によって、2030年以降の世界では、現在ある仕事の半数近くが自動化される可能性があるといわれています。予測困難な未来社会において求められるのは、社会や自らの人生をどのようによりよいものにするのかという目的意識を主体的に持とうとすることです。状況を理解し、その目的に必要な情報を選択・理解し、自分の考えをまとめ、多様な他者と協働しながら、主体的に社会や世界と関わっていく資質・能力が求められています。

　近年、忍耐力や自己制御、自尊心といった社会情動的スキル、いわゆる非認知的能力を幼児期に身に付けることが、大人になってからの生活に大きな差を生じさせるという研究成果があります。非認知的能力は、「学びに向かう力や姿勢」と呼ばれることもあり、「粘り強く取り組んでいくこと、難しい課題にチャレンジする姿勢」などの力をさします。従来はその子どもの気質、性格と考えられていましたが、現在は適切な環境を与えることで、どの子どもでも伸ばすことが可能な能力として捉えられています。

　2016（平成28）年中央教育審議会答申では、資質能力を育むための「主体的・対話的で深い学び」（アクティブ・ラーニング）の実現の重要性が強調されています。「何のために学ぶのか」という学習の意義を共有し、授業の創意工夫や教科書等の教材の改善を引き出していけるよう、すべての教科等また幼児教育について、①知識及び技能、②思考力、判断力、表現力等、③学びに向かう力、人間性等、の３つの柱に再整理されています（図1-1）。

図 1-1　幼児教育において育みたい資質・能力の整理

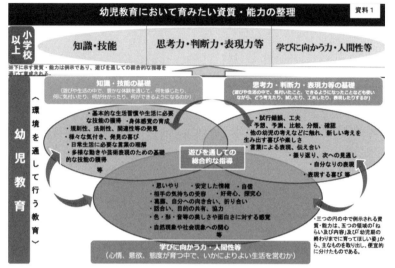

出典：文部科学省、2016 年

最新の動向

（1）幼児教育において育みたい資質・能力および
「幼児期の終わりまでに育ってほしい姿」

　2008（平成 20）年の学校教育法改正により、幼稚園が学校教育の始まりとして存在が明確化されました。2016（平成 28）年度中央教育審議会答申で「よりよい学校教育を通じてよりよい社会を創る」という目標が幼稚園、小学校、中学校、高等学校共通に掲げられました。2017（平成 29）年、「学習指導要領」がこの答申を受け改訂され、2018（平成 30）年、幼稚園教育要領、保育所保育指針、幼保連携型認定こども園教育・保育要領も同時に、共通性をもって改訂・改定・施行されました。幼稚園、保育所、幼保連携型認定こども園は、幼児教育施設として法的に位置づけられ、小学校教育との接続が明確にされました。

　これまでの 5 領域や「環境を通して行う教育」という保育の基本的な

考え方は変わらず、3歳以上の幼児に関する保育内容は幼稚園教育要領、保育所保育指針、幼保連携型認定こども園教育・保育要領で共通化されています。また、すべての「総則」に、幼児期に「育みたい資質・能力」として3つの柱と「幼児期の終わりまでに育ってほしい姿」10項目があげられました。「幼児期の終わりまでに育ってほしい姿」は、幼児教育で育てたい資質・能力を幼児の具体的な姿から示されています。

　3歳未満児の乳児に関する保育内容においても、保育所保育指針と幼保連携型認定こども園教育・保育要領で共通化されました。満1歳から3歳未満については5領域それぞれにねらいと内容が示されています。乳児保育については、ねらい及び内容に身体的発達に関する視点として「健やかに伸び伸び育つ」、社会的発達に関する視点として「身近な人と気持ちが通じ合う」、精神的発達に関する視点「身近なものと関わり感性が育つ」という3つの視点が示されています。

　幼稚園、保育所、幼保連携型認定こども園の3つの施設が共有できる保育内容が示されました。幼稚園教育要領で新設された「前文」には「これからの幼稚園には、学校教育の始まりとして、こうした教育の目的及び目標の達成を目指しつつ、一人一人の幼児が、将来、自分のよさや可能性を認識するとともに（中略）持続可能な社会の創り手となることができるようにするための基礎を培うことが求められる」とし、「幼稚園教育要領が果たす役割の1つは、公の性質を有する幼稚園における教育水準を全国的に確保することである」と記載されています。質の高い幼児教育の重要性と幼児教育と小学校教育との円滑な接続が求められています。

　幼稚園における教育水準は、幼児の自発的な活動である遊びや生活を通して、「幼稚園教育で育みたい3つの資質・能力」を育成し、その具体的な現れとして「幼児期の終わりまでに育ってほしい10の姿」を実現していくことです（**図1-2**）。

　この3つの資質・能力は、これまでの幼稚園教育要領で規定されてき

図 1-2 幼児期の終わりまでに育ってほしい姿の整理イメージ

幼児期の終わりまでに育ってほしい幼児の具体的な姿（※）					
健康な心と体	自立心	協同性	道徳性の芽生え	規範意識の芽生え	いろいろな人とのかかわり
思考力の芽生え	自然とのかかわり	生命尊重・公共心等	数量・図形・文字等への関心・感覚	言葉による伝え合い	豊かな感性と表現

※「幼児期の教育と小学校教育の円滑な接続の在り方について（報告）」（平成22年11月11日）に基づく整理。

出典：文部科学省、2016 年

た５領域に基づく遊びを中心とした活動全体を通じて育まれていくものです（図 1-1、図 1-2 参照）。

①豊かな体験を通じて、感じたり、気付いたり、分かったり、できるようになったりする「知識及び技能の基礎」

②気付いたことや、できるようになったことなどを使い、考えたり、試したり、工夫したり、表現したりする「思考力、判断力、表現力等の基礎」

③心情、意欲、態度が育つ中で、よりよい生活を営もうとする「学びに向かう力・人間性等」

　気付くこと、考えること、試し、工夫すること、心動かし、やりたいことを見出し、それに向けて粘り強く取り組むことなどを指しています。それらは相互に結びついて一体的に育成されていきます。

　この３つの資質・能力が育まれる幼児の幼稚園修了時の具体的な姿「幼児期の終わりまでに育ってほしい 10 の姿」が示されました。これは、保育者が指導を行う際に考慮するものです。

（2） 指導計画の作成と幼児理解に基づいた評価

　幼稚園では教育基本法および学校教育法その他の法令ならびに幼稚園教育要領に基づき、それぞれの園の運営方針、指導方針の基礎となる教育課程を編成することが義務づけられています。教育課程や預かり保育の計画等を合わせて、全体的な計画と呼びます。

　幼稚園教育要領では、「幼児期の終わりまでに育ってほしい姿」を踏まえて教育課程を編成し、この教育課程を実施、評価し、改善を図っていくこと（PDCA サイクル）、教育課程の実施に必要な人的または物的な体制を、家庭や地域の外部の資源も含めて活用しながら、各幼稚園の教育活動の質の向上を図っていくカリキュラム・マネジメントの考え方が導入されています。環境を通した教育を基本とし、幼児の家庭との関係の緊密度が高く、預かり保育・子育ての支援などの教育課程以外の活動が多くの幼稚園で実施されていることなどから、カリキュラム・マネジメントはきわめて重要です。指導計画を作成し、評価する際には以下のことが重要です。

・多様な体験に関連して、幼児の発達に即して主体的・対話的で深い学びが実現するようにすること
・幼児の実態を踏まえながら、教師や他の幼児と共に遊びや生活の中で見通しをもったり、振り返ったりするよう工夫すること
・直接的な体験が重要であることを踏まえ、視聴覚教材やコンピュータなど情報機器を活用する際には、幼稚園生活では得難い体験を補完するなど、幼児の体験との関連を考慮すること
・一人一人のよさや可能性を把握するなど、幼児理解に基づいた評価を実施すること
・評価の実施に当たっては、指導の過程を振り返りながら理解を進め、幼児一人一人のよさや可能性などを把握し、指導の改善に生かすようにすることに留意すること

今後の学びに向けて

（1）指導計画の考え方と指導計画の評価

　幼稚園教育要領では、「指導計画の作成上の留意事項」に「主体的・対話的で深い学び」（アクティブ・ラーニング）の考え方が加わりました。

　予測困難な未来を切り開いていくためには、学ぶことに興味・関心を持ち、見通しをもって粘り強く取り組み、自己の学習活動を振り返って次につなげる「主体的な学び」が大切です。子ども同士の協働・教職員や地域の人との対話・先哲の考え方を手がかりに、自己の考えを広め深める「対話的な学び」は、地域を相互関連付けてより深く理解したり、情報を精査して考えを形成したり、問題を見いだし解決を志向します。そして、自分の思い・考えを基に創造へ向かう「深い学び」の実現が求められています。心動かされる様々な体験から次にしたい活動が生まれ、さらに体験を重ね、それらの体験がつながりながら、学びを作り出します。その際、振り返ったり見通しを立てたり、考え工夫して様々に表現し対話を行い、さらに身近な環境への関わりから意味を見出していきます。

　「遊び」においても、主体的・対話的で深い学びの視点に基づいた指導計画の作成が必要です。幼稚園生活全体を通してねらいが総合的に達成するようにします。教育課程に係る教育期間や、幼児の生活経験や幼稚園教育の基本は、遊びを通しての5領域の総合的な指導であること、一方、小学校教育の基本は教科を通じた指導であることを理解します。幼小接続は、幼児の内面理解、学びや集団との関わりを捉える過程で、「幼児期の終わりまでに育ってほしい姿」と関連づけて解説するなど授業の展開を工夫し、「幼児期の終わりまでに育ってほしい姿」を理解します。

　幼稚園で様々な活動を展開しながら、「幼児期の終わりまでに育ってほしい姿」の10項目が育ち、小学校での生活や学習の基盤となっていくことを、具体的な実践事例と結びつけて説明できるようにします。

（2）学生時代に学んでおくこと

　遊び・活動を通じての総合的な指導の意義と、教師の役割を十分に理解しましょう。保育という教育活動の中で、教師は一人一人のその場面における興味・関心を瞬時に読み取り、活動への見通しや当該幼児の発達をどのように促すかを予測する必要があります。家庭との連携は、子どもの育ちを家庭に伝える工夫を求めています。子育てに不安を感じている家庭にとっては重要です。

　障がいのある幼児への指導は、長期的な視点で幼児への教育支援を行うための個別の教育支援計画と、個別の指導計画が必要です。海外から帰国した幼児や生活に必要な日本語の習得に困難のある幼児についても、個々の実態に応じ、指導内容等の工夫を組織的かつ計画的に行うことが必要です。幼稚園間に加え、小学校等との連携や交流を図るとともに、障がいのある幼児児童生徒との交流及び共同学習の機会を設け、協働して生活していく態度を育むことができるように、幅広い視野に立って学びます。

　幼児の遊びや活動の発展に必要な経験を実際の保育場面で観察・記録し整理し、学生相互の発表や振り返りを行うことで視野を広げ、主体的・対話的な学びを深めましょう。

【引用・参考文献】

　無藤隆監修「幼稚園教育要領改訂、保育所保育指針改定、幼保連携型認定こども園教育・保育要領改訂について」同文書院、非売品

　無藤隆代表、保育教諭養成課程研究会編『幼稚園教諭養成課程をどう構成するか　―モデルカリキュラムに基づいた提案―』萌文書林、2017年

　文部科学省「新しい学習指導要領の考え方−中央教育審議会における議論から改訂そして実施へ−幼児教育部会における審議の取りまとめについて（報告）」2016年

　https://www.mext.go.jp/b_menu/shingi/chukyo/chukyo3/057/sonota/__icsFiles/afieldfile/2016/09/12/1377007_01_4.pdf

（中村三緒子）

第2章
健康

概要

（1）健康の内容

　領域（健康）の内容には、成長、基本的生活習慣、食育、運動、安全、感染症、アレルギー、保健計画などが含まれます。「幼児期の終わりまでに育ってほしい姿」の最初には「健康な心と体」があげられています。

　子どもが健康で安全な生活を送ることは、その後の生きる力の土台となります。しかし健康とは状態で、時間の経過と共に変化します。ルネ・デュポス（1901-1982）は「人間が一番望む健康は、必ずしも身体的活力と健康観に溢れた状態ではなく、長寿を与えるものでもない。自分の為に作った目標の到達に一番適した状態である」としています。健康教育は、その意味合いから Health Education というよりは Life Education と表されます。Life は生活、人生、生命の3つの意味を持ちます。健康でいることが人生の目的というより、自分らしい人生を送る一つの手段が健康なのです。

　保育者は子どもの発達段階に応じて養護と健康教育を行えるよう、まずは成長の実態を知ることが必要です。成長には、量的に大きくなり質的に向上する発育発達だけでなく、その人が生まれた社会の文化を身につけることも含まれます。具体的には基本的生活習慣の獲得や躾です。これらは生理的なものに加えて文化的なものも多く、近頃は国際化による習慣の違いなどとも関連して、現場では新たな課題も出てきています。

（2）健康の背景

　健康の概念は WHO 憲章の「健康とは、肉体的、精神的及び社会的に完全に良好な状態であり、単に疾病又は病弱の存在しないことではない」がよく引用されます。1998 年には霊的（Spiritual）と動的（Dynamic）を加える提案がなされましたが文化や宗教の観点から追加には至りませんでした。この精神的（Mental）健康を、知的（Intellectual）、情緒的（Emotional）、心的（Spiritual）に分ける考え方もあります。例えば、ある習慣が科学的根拠に基づいて身体に良くないと頭で理解していても心が納得しないことや、自分でも意識していない心情など、精神的健康にも様々な要素があることがあげられます。

　疾病の正体が不明だった大昔は、呪術や祈祷、薬草などが頼りでした。顕微鏡が発明され目に見えない病原体が疾病の原因と分かり、西洋医学は大きく進歩しました。予防や治療により致死率は低下しましたが、昔に比べ生命力の弱い人も長生きできる様になり、有病率は増大しました。それゆえ今では健康度の低い人も多く、より健康に関心が高いのです。

　健康教育が約 100 年前に衛生教育として始まった頃は、知識の伝達が主流でした。1990 年代には能動的な学習者への支援と社会的環境の改善により、態度変容や健康行動実践へと導く流れになってきました。これは教育者が適切な環境を設定し、子どもの主体性や自己決定を誘う働きかけをするという点で、保育と共通する部分が数多くあります。

　現代の疾病は生活習慣に起因するものが多くなり、予防となる健康教育の重要性も再認識されています。幼児期にゆったりとした安心できる環境の中で基本的生活習慣が獲得できれば、それはやがて学齢期の学びへ向かう態度や一生の健康の元となります。保育者が遊びの中に習慣に関わる行動を織り込んだり、子どもがやりやすいような工夫をし、活動の続きを予告したりすると、子どもは次にすることが分かるようになり、見通しを持ち、習慣化した健康生活ができるようになっていきます。

最新の動向

（1）新しい感染症

　乳幼児期は集団生活に入ると感染症にもかかりやすくなります。母親からの受動免疫があるのは生後6ヶ月までで、それ以降子どもは病気を経験することで能動免疫を獲得していきます。

　2020年は新型コロナウイルスの世界的な流行に見舞われました。6月にはWHOから「流行地では無症状者も公共交通機関利用時などではマスク着用」が示され、手洗い、うがい、ソーシャルディスタンス、換気、消毒、咳エチケットなどが一般的になりました。しかし子どもがこれらを徹底するのは難しく、保育者がマスクをすることで表情や声が子どもに届きにくい、食事の際、共食の楽しさを育みにくいことなどが課題となりました。感染を最小限にすべく外出の自粛も呼びかけられましたが、それにより新たな問題も出てきました。休園中に子ども達にネグレクトを含む虐待の心配が生じたり、成長に必要な栄養や運動量が確保されないケースが生じたりしたことです。保育が社会的に機能するにはすべての子どもの権利を最低限保障することが必要です。乳幼児期は心が充たされながら養育者と愛着が形成されること、保育の場は人のぬくもりを感じ子どもが健康生活を送る場所となることが望ましいのです。

（2）体格と運動能力

　「最近の子どもは体格は向上、体力は低下」といわれた時期もありましたが、出生体重ピークは1973年生まれの約3,200gで、今は3,000g弱です。ちなみに幼児の体格ピークは2000年で、それ以降はやや小さめです。また、1961年から実施されているスポーツテスト結果は1985年をピークにおおよそ20年間低迷し続けました。1998年には項目を減らし対象年齢を拡げた新体力テストとなりましたが、低下傾向は変わりませんでした。

2000年頃まで、幼児の半数は就寝時刻が22時以降だったため、2006年「子どもの生活リズムの向上プロジェクト」が始まりました。これにより生活リズムが整い始めると、項目によっては向上もみられるようになりました。

　また小学校1年生の約1割が運動嫌いという結果から、就学前に動きを楽しみ運動好きを育てる目的で、2012年に「幼児期運動指針」が出されました。タブレットやスマートフォンの利用が多くなったのもこの頃です。その後、体格や運動量には、標準体型に比べて肥満とやせの割合が増える、個人の運動量の差が開くなど、二極化の傾向がみられるようになりました。神経系が著しい発達を遂げる幼児期に、移動系、操作系、平衡系、非平衡系とあらゆる動作を体験すると、その伸び率も大きくなります。10歳を過ぎると心肺機能も高まるので、同じ運動を長く続けられる持久力、15歳を過ぎると骨の成長が緩やかになるので、多少の負荷をかける筋力、と年齢に応じて効果的な運動が変わっていきます。幼児期にはまんべんなく体を使って、色々な動きを心地よく楽しむ体験が適しています。

（3）メディアと健康

　メディアとは情報伝達の媒体や手段のことで、本、新聞、雑誌、ラジオ、テレビ、インターネットなどがあげられます。デジタルメディアは画面の長時間利用による電磁波の影響、脳への負担、運動量低下、架空の世界への依存など、そのデメリットが強調されています。しかし、人々の健康や子どもの情操に大きく寄与してきた面もあります。具体的には、1928年『ラジオ体操』、1954年『美容体操』（『テレビ体操』の前身）、1959年『おかあさんといっしょ』、1969年アメリカの『セサミストリート』などです。これらの番組には、音楽に合わせて体を動かすプログラムが入っています。

　『セサミストリート』が放送される以前の1960年代、アメリカでは就

学時の子ども間の能力差が問題になっていました。この番組は「通園できない事情のある子どもの家庭でも、テレビはあるのでは」という考えのもと、作られた視聴覚教材です。形、色、数、言葉、音楽、会話などを盛り込んだ「ヘッドスタート計画」の一環でもありました。

　日本でのテレビ視聴時間のピークは 1975 年で、1 日平均 3 時間 30 分間、それ以降は少なくなってきています。この年に、日本では初めての家庭用ゲームとパソコンが登場しました。小学校から ICT 教育が推進される一方、2019 年には WHO が「ゲーム障害」を疾病としました。

　健康面で心配なことは、視力低下と応答的なやりとりが少なくなることです。近距離で焦点を合わせる時間が長くなると、平面ばかりでなく立体・動体視力も育ちにくくなります。例えば距離感が捉えられずに物をキャッチできない、人を避けきれない、予期せぬ動きに対応しにくいなど運動や安全確保にも影響が出てきます。人との直接のやり取りの機会が減ることは、情緒や社会性の面からも心配されます。

　発育には臨界期があり、その時期を逃すと後から取り戻せないものもあります。しかし、昔の子どもが体験できなかった映像の恩恵を今は受けられているともいえます。メディアを利用するのと同時に視聴覚以外の触覚、嗅覚、味覚を意識的に働かせながら、実体験の機会を増やすことと、幼児期からのメディアリテラシー教育の必要性が高まっています。

今後の学びに向けて

（1）保育者に求められる力、必要とされる力

　子どもは元々の特性から怪我をしやすく、事故に合いやすいものです。その特性とは、頭部が大きく重心が高い、視野が狭い、手足が短い、感情が優位で自己中心的である、空間や時間の認知が未熟で判断や予測ができにくい、好奇心が旺盛で自制が効きにくい、注意力が長時間持たな

いなどです。窒息、転落、誤飲、転倒など特に注意が必要です。統計によると怪我や事故は、休み明けの月曜日や登園直後、食事中、降園直前など気持ちが高揚しているときに起こる可能性が高いです。アクシデントには至らなかったものの、今後の事故防止に役立つインシデントケースを園内で情報共有することも大切です。

また、37.5°以上の発熱があると家庭に迎えに来てもらうことも多いですが、子どもにより平熱も違います。保護者の顔を見たり、家に帰り安心して熱が下がるケースも多々あります。一律に基準に従うのではなく、後述する個々の健康観察を踏まえた判断が必要となります。

さらに熱性けいれんやアナフィラキシーが起こることもあります。アレルギーは2019年のガイドラインにより、食品は家庭で反応を確認してから保育の場で提供することになりました。食品ばかりでなく、飼育動物や小麦粘土などにも確認が欠かせません。慢性疾患、アレルギー疾患、発達障害など個別的な配慮を要する子どもへの対応も、記録を取ることや医療、巡回相談の専門家との連携、園内での組織的対応も必要です。保育者には、初期対応としての応急処置や、適切な医療機関に素早く繋げる力が求められています。

地震、津波、風水害などの自然災害、火災、不審者侵入などの人的災害については、日頃の避難訓練や保護者への受け渡しなど、協力体制がうまく機能すると最小限の被害ですみます。ハザードとは子どもが判断不可能な危険性のことで、遊具、服装、持ち物、動線、自転車などにも存在します。一方、リスクは子どもが判断可能な危険性のことですが、子ども自身が回避する力を養い、物事に挑戦するために必要な側面もあるので、保育者である大人の見極めが重要です。

「いつもと何かが違う子どもの様子に気づく」ためには、毎日の健康観察が大切です。子どもの心と体は未分化なので、不安や不満も体の症状として出やすく、また良くなるのも悪くなるのも大人より早めです。登園したらまず、視線を合わせる、顔色と表情を見る、握手で体温と握力

を感じる、言葉を交わして舌の色も見るなどして、子どもの状態を保育者の五感で感じ取ります。同時に、「自分自身の心と体の変化にも敏感になる」ことを心がけましょう。自分はどんな状況や予兆があると心や体の具合が変わるのか、良い状態の維持には何が必要なのかを知ること、すなわち自己健康管理が大切です。それが習慣になると、他人の健康状態にも気づきやすくなります。

（2）学生時代に学んでおくこと

　保育現場に出る前に、物事を見る視点を変え、視野を拡げる経験も必要です。目の前の子どもだけを見ていると、できないことをできるようにするにはどんな援助がいいのか、などに気が向いてしまいます。しかし、できないこと、余計なこと、無駄だと思える動きの中にも大切なことが隠されています。子どもは自分の思い通りにいかないことを知ると複雑な心情になりますが、揺れた心を切り替え、葛藤を乗り越える経験から自己抑制を身に付けていくものです。子どもは自分の状況を上手に説明できないので、言葉にならない思いや呟きを保育者が汲みとり、心をほぐすことでエネルギーを充足させるようにします。

　最後に少し違った方向から、人の成長を考えてみましょう。ヒトは、受精卵⇒胎芽⇒胎児⇒新生児⇒乳児⇒幼児と成長しますが、この過程は、単細胞⇒魚類⇒両生類⇒爬虫類⇒哺乳類⇒新人類と生命の進化の順序をなぞっています。出産は海中からの上陸、ひとり歩きの開始は猿類から直立二足歩行と、個体発生の過程は系統発生とほぼ同じなのです。

　魚は卵や稚魚のうちに食べられてしまう可能性が高いので、生き残ろうとして卵を沢山産みます。一方、哺乳類は死ぬ確率が低いので一度に沢山産みません。前者が多産多死で後者が少産少死です。多産から少産になる要因は経済不況、家族計画、価値観の多様化があげられ、多死から少死になる要因は食糧生産性の向上、医療・公衆衛生の進歩、乳児死亡率の低下などがあげられます。その昔、子どもは労働力でしたが、今

は一人前になるまでに時間も費用もかかるようになりました。子どもを持つ意味も変化し、非婚や晩婚、ライフワークバランスなど生き方にも選択肢が増えました。七五三は今の満6・4・2歳の時に、生き残った感謝を神に伝える行事でした。生後数年間は命を落とす確率が高かったためです。

　大昔から人は物事に因果関係を見出して進歩してきました。例えば山火事と乾燥、強風、木の摩擦などの関係から火をおこすことを考え出す、獲り過ぎた獲物が余って腐るのを見て、次の食事の時まで生かしておくことを考えつく、植物を食べ尽さず種を取っておき、四季を観察してしかるべき時期に撒き収穫する、などです。繋いでいた牛に偶然雷が落ち、焼かれた肉は腐りにくいことを発見して、今度は捌いてから焼くなどの調理法や保存法を考えたかもしれません。人類は動物の家畜化、植物の栽培、海の動植物の養殖、すなわち他の生物を将来にわたり食糧として確保し、従属させることで繁栄してきましたが、同時に自然界のバランスを変えることとなりました。その変え方とスピードが、産業革命以降、飛躍的に増大し、昨今の環境破壊問題などにも繋がっているのです。医学も前述の通り、病原体との因果関係の発見から大きく進歩しました。

　本来、動物の一種に過ぎなかったヒトは、長年積み上げてきた知恵や文化の恩恵に与っている面と、それにより本能といえる能力を鈍らせている面もあります。知性と感性をバランス良く養うことが現代の課題です。

【引用・参考文献】
厚生労働省『保育所におけるアレルギー対応ガイドライン』2019年
文部科学省『幼稚園教育要領』厚生労働省『保育所保育指針』2018年
ルネ・デュボス、田多井吉之介訳『健康という幻想─医学の生物学的変化─』紀伊國屋書店、1977年

（岩城淳子）

健康

1　ねらい

（1）　明るく伸び伸びと行動し，充実感を味わう。

（2）　自分の体を十分に動かし，進んで運動しようとする。

（3）　健康，安全な生活に必要な習慣や態度を身に付け，見通しを
もって行動する。

2　内容

（1）　先生や友達と触れ合い，安定感をもって行動する。

（2）　いろいろな遊びの中で十分に体を動かす。

（3）　進んで戸外で遊ぶ。

（4）　様々な活動に親しみ，楽しんで取り組む。

（5）　先生や友達と食べることを楽しみ，食べ物への興味や関心を
もつ。

（6）　健康な生活のリズムを身に付ける。

（7）　身の回りを清潔にし，衣服の着脱，食事，排泄などの生活に
必要な活動を自分でする。

（8）　幼稚園における生活の仕方を知り，自分たちで生活の場を整
えながら見通しをもって行動する。

（9）　自分の健康に関心をもち，病気の予防などに必要な活動を進
んで行う。

（10）　危険な場所，危険な遊び方，災害時などの行動の仕方が分か
り，安全に気を付けて行動する。

日々の積み重ね「雑巾がけ」

　給食後の雑巾がけは、年長組になった4月から日課となりました。まず、雑巾を濡らして絞ることは子ども達にとって大変難しく、雑巾から水が床へポタポタと落ち、床が水浸しになることも常でした。また、床を往復する際は、勢い余って互いにぶつかり、つんのめったりしてこぶを作ることもしばしば。失敗を繰り返す中で、どうしたらよいか話し合いました。雑巾を両方の手で押さえる、まっすぐ前を向けばぶつからないなど自分達で考え、どう手足を動かせばいいか、体で覚えていきました。やがて隣の部屋、廊下へと雑巾がけの範囲は広がっていきます。こぼしたらすぐ拭くこと、食べこぼしにも気を付けるようになりました。雑巾がけを行う習慣が、清潔への意識へとつながりました。子ども達は、園生活の中の様々な経験を通して、自分達の生活の場を整え、健康や安全に必要な態度を身に付けていきます。自ら動き、身の回りをきれいにすることの習慣も日々、根気よく関わり繰り返しの積み重ねが重要です。

（町田加代美）

第3章

人間関係

概要

（1）人と関わる力を養う意義と教育の連続性

　幼稚園教育要領における領域人間関係は、幼児の「人と関わる力」を養うための領域です。就学前の多くの子どもが、学校としての幼稚園もしくは児童福祉施設としての保育所に入園・入所している現状があります。保育所の保育は、養護と教育を併せもった機能を果たしており、特に3歳以上児の教育内容については、幼稚園の教育と整合性が図られています。つまり、大部分の幼児は幼稚園・保育所等において、集団での生活や遊びを通した教育を受けてから、小学校に入学するという現状があります。

　学校教育法では、幼稚園の目的を「義務教育及びその後の教育の基礎を培うものとして、幼児を保育し、幼児の健やかな成長のために適当な環境を与えて、その心身の発達を助長すること」と定めています。幼児期には、家庭や幼稚園生活による様々な経験を通して、身体運動機能、知的機能、言語能力、社会性等の様々な側面が発達します。人と関わる力も、日々の実体験を通して養われます。保育における幼児の姿として、例えば、言葉で伝えるべきところを手が出てしまったり、生活や遊びにおけるルールやマナーを守らなかったり等の場面が見られる場合もあります。保育者は、幼児の発達のあらゆる側面を捉え、一人一人の特性や発達の課題に即して、より適応的に幼稚園生活を過ごせるように配慮しながら、状況や場面に応じた指導・援助を行います。

（2）小学校教育への接続

　文部科学省が毎年、全国の国公私立の小中学校等を対象に実施している「児童生徒の問題行動等生徒指導上の諸問題に関する調査」の結果によると、2019年度の小・中学校の不登校児童生徒数は約18万1,000人です。そして、不登校の主な要因として「無気力・不安」に続いて多いのが「いじめを除く友人関係をめぐる問題」、「親子の関わり方」です。また、いじめの態様として多いのは「冷やかしやからかい、悪口や脅し文句、嫌なことを言われる」、「軽くぶつかられたり、遊ぶふりをしてたたかれたり，蹴られたりする」という結果です。

　このような、小学校以降の人との関わりに関連した教育課題の現状を知っておくことが重要です。そして、人と関わりながら生活していく上で必要となる、基本的な資質・能力を実体験を通じて、幼児期にしっかりと身に付けていくことが大切です。

　多くの幼児は、幼稚園や保育所で初めての集団生活を経験します。幼稚園や保育所生活でも、友達との関わりのなかで相手に心身の苦痛を感じさせてしまうようなことも起こります。その中で、してよいこととしてはいけないこと、相手を思いやる気持ち、友達と共に過ごす喜び、共感しあうこと等を具体的な体験に基づいて学んでいきます。

　小学校就学後、友達やクラスメイトとの適切な関わり方について考えていくときに、基礎となる幼児期の経験や学びは大きな意味をもつということを今から理解しておきましょう。

最新の動向

（1）幼児において育みたい資質・能力と「人と関わる力」

「健康」「人間関係」「環境」「言葉」「表現」の各領域では、幼稚園教育において育みたい資質・能力を「ねらい」として、また、ねらいを達成するために指導すべき事項を「内容」として示しています。小学校以降の教科による教育と大きく異なる点は、各領域のねらいは園生活全般を通して相互に関連を持たせながら達成に向かうことにあります。

遊びとして鬼ごっこを例にあげます。この遊びでは、体を動かす楽しさ、ルールや決まり、コミュニケーションに関連した経験や学び等、複数の領域の観点からの指導や援助が行われます。領域人間関係の視点からの指導・援助も、日々の園生活全般を通してあらゆる場面で必要になります。

また、平成29年に告示された幼稚園教育要領では、小学校教育との連続性をより明確にするために、新たに「幼児期の終わりまでに育ってほしい姿」として、幼稚園教育において育まれる幼児の姿が10項目示されています。この中でも特に「自立心」、「協同性」、「道徳性」、「規範意識の芽生え」は、領域人間関係と深く関連したものになります。これらの期待される幼児の姿を念頭におき、一人一人の発達の特性やその幼児らしい見方、考え方、感じ方等を理解し、発達の課題を見出して関わっていくことが保育者に求められます。

（2）自己主張と自己抑制および規範意識

他者と協同的に物事に取り組む際に必要になるのが、自己主張と自己抑制の力です。子どもが自分の行動をコントロールする力は、例えば、自分の考えを述べる、嫌なことを「嫌」とはっきり伝える等の自己主張の側面と、逆に、人の意見を受け入れる、ルールを守る等の自己抑制の両側面から成り立つと考えられます。この力は、幼児期において集団生

活をするうえで大切なものであり、また、集団での生活や遊びの中で育つ力でもあります。

　義務教育以降も、適切な他者との関わり方や集団生活で求められる規範意識の大切さを学びますが、近年の子どもは規範意識が低いとの指摘もあります。幼稚園では具体的な体験を通して、幼児によいことと悪いことへの気付きを促します。また、幼児自身が考えて行動することや、決まりの大切さに気付き守ろうとするように指導します。ふだんの幼稚園において、例えば、順番を守る、よいことと悪いことの判断、ルールに沿った行動が求められるような場面は多くあるでしょう。そもそもこの点について保育者が必要な指導・援助をしなければ、幼児の集団生活自体が成り立ちません。保育者は、一つ一つの具体的な場面を通して、幼児期の発達特性や個人差を踏まえたうえで細やかな対応をします。当然ですが、ルールのある遊びでは、ルールを守らなければ遊びが成立しません。つまり、このような遊びの中でも規範意識は必要になり、また、規範意識が育つ場として様々な生活場面や遊びが機能しているという側面もあるといえるでしょう。

　このように友達と遊んだり生活をしたりする過程で、ルールやマナーの必要性についても具体的な体験を通した気付きが促されていきます。そして、この具体的な体験を通した学びが、小学校以降の教科である、生活科、道徳、特別活動等の学びの基礎として、後の教育に繋がっていくのです。

（3）保育をする上での「気になる子ども」

　「気になる子ども」という用語について、明確な定義はありませんが、一般に保育を進めるうえで保育者が対応に苦慮する幼児に対して、保育者や研究者によって用いられています。保育者が保育の場で気になると感じるのは、幼児の発達や適応上の観点からです。その中には、発達障害の疑いのある幼児も含むと考えられています。

保育の場で実践に携わる保育者の多くが、自分のクラスや園に気になる子どもがいるとする調査報告もあります。さらに、その対応に困難さや負担感を感じている保育者が多いこともわかっています。具体的な対応の困難さとして感じられるのは、コミュニケーションの問題、発達上の問題、多動性、乱暴さ、情緒面等であり、そのことにより人との関わりに困難さを示す場面や状況もあると考えられます。

　保育者は、集団の中で個々の幼児を多面的に理解して指導・援助しながら保育を進めるため、問題にも気付きやすく個別の指導もしやすい環境にあるといえます。

　人と関わる力を養う観点から、保育の場において発達障害や「気になる子ども」については、診断の有無にかかわらず、その幼児の行動特性と、その特性に応じて、何がどのように困難であるのかを見定めたうえでの対応が必要です。これらを踏まえていない、不適切な対応による二次的障害、例えば、自己肯定感の低下等が起こることのないように留意しましょう。

　保育を進めていくうえで、幼稚園教諭や保育士も苦労している現状がありますが、普段の生活の中で一番困り感を抱えているのはその子ども自身であり、その子どもの保護者です。そのことを念頭におき、幼児に対する理解・対応の困難さを決して一人では抱え込まず、同僚・先輩・管理職、地域の関係機関と連携しながら、子どもの将来を見据えた対応をしていくように心がけましょう。

今後の学びに向けて

　対人関係に関する一般的な発達の筋道を理解することは、幼児の現在の姿を発達の連続性という視点から捉え、一人一人の幼児に対する理解を深める点からも大切です。発達に関する基礎的な理論について、理解

を深めておくことはもちろんのこと、それが実際の幼稚園・保育所等の生活の中で、どのように具体的な幼児の姿として表れるか、実習等、保育実践の場でよく捉えて学習しておくことを期待します。

　以下に、各発達段階の幼児の姿を概観します。

（1）乳児期および1歳以上3歳未満児

　保育所保育指針の乳児保育「身近な人と気持ちが通じ合う」および1歳以上3歳未満児「人間関係」のねらいと内容にも示されている通り、子どもはこの時期に、大人の受容的・応答的な関わり、発声・表情・喃語を優しく受け止めてもらう経験、語りかけ・歌いかけ等の経験が大切になります。この経験により、発語の意欲や自分を肯定する気持ちが育ちます。さらに、発達に伴い身の回りに様々な人がいることに気付き、徐々に他の子どもと関わって遊ぶ経験をもちながら、大人の仲立ちにより、他の子どもとの関わり方を少しずつ身に付けます。その中で、他者との関わりによって生じる様々な感情を大人に受け止めてもらい、気持ちの立て直しや感情をコントロールする経験をしたり、自己と他者との違いが徐々に認識ができたりするようになります。

　また、1～3歳頃にかけては、様々な側面が急速に発達します。3歳頃には、基礎的な運動機能が整い、日常生活上の言葉によるやり取りが可能になり、自我の発達も伴って自分の興味・関心に基づく可能な遊びも増えていきます。そして、友達との遊びによってさらに人と関わる力や様々な発達が促されます。

（2）　3歳児クラス

　3歳になる頃には基本的な運動機能も整います。走ったり跳ねたりハサミを使えるようになったり、箸を使うこともできるようになり、衣類の着脱が可能になります。つまり、可能な遊びも徐々に増え、基本的な身辺生活も自分で行うことが可能になります。その際、幼児が自らの興味・

関心に基づいた活動ができるような環境構成や声かけも大切になります。幼児が「自分でやってみよう」と思えるような意欲や、「自分でできた」という達成感や自信をもつことができるような援助を心がけます。語彙数も増え、他者と言葉によるコミュニケーションをとることも可能になります。

　このような発達段階の中、集団生活の中で近くの友達の存在や友達の遊びを意識したり、友達の遊びを模倣したりする姿が見られます。また、集団生活を通した友達との関わりの中で、決まりがあることを知り、決まりに沿った行動をとることを求められる経験もします。

　友達との生活や関わりや遊びに喜びや楽しさを味わいます。日々、友達と活発に遊ぶことによって身体の発達も促され、身体の動きや使い方も徐々に巧みになります。

（3）　4歳児クラス

　これまでの園生活で培われた育ちに支えられ、友達と遊ぶこと、楽しみながら身体を動かしながら遊ぶこと、目的に向けた集団での活動も可能になります。みんなで行うルールのある遊び、例えば鬼ごっこ等も保育者や友達と楽しみながら行えるようになります。また、遊びの中でコミュニケーションを図りながら、その遊びに必要な取り決めや独自の決まりやルールを、自分達で相談しながら作る姿も見られます。また、友達と衝突する場面では、これまでの経験や学びも生かして、当事者同士で折り合いをつけたり、周囲の友達と協力したりしながら解決していく姿も徐々に見られるようになります。このように、友達との生活や遊びを通した様々な経験を通して、自分に対する自信や周囲の人々を信頼する気持ちが育ちます。

（4） 5歳児クラス

　基本的には幼児同士で組織立った遊びを進められるようになります。例えば、ドッジボールやサッカー、運動会でのチーム対抗リレー等、チームで対戦する遊びのように、集団で行い、ルールがあり、勝敗があるような遊びへも楽しみながら充実感をもって取り組みます。そして、勝つために仲間と相談したり工夫したり、勝った喜びや負けた残念さを共有する経験も得ます。そのような環境の中で、より友達の存在を大切に思えたり、友達を思いやったり、友達との取り決めや約束を大事にします。

　楽しい生活や遊びの中で、十分に自己を発揮しながら周囲と協調することの大切さを学びます。

　このような園生活による育ちの大きな流れの中で、保育者は一人一人を捉え、人と関わる力が養えるような具体的な指導・援助を行います。

【引用・参考文献】

会沢信彦『教育相談の理論と方法—コアカリキュラム対応—』北樹出版、2019年

厚生労働省『保育所保育指針解説』2018年

日本保育協会『保育所における障害児やいわゆる「気になる子」等の受入れ実態、障害児保育等のその支援の内容、居宅訪問型保育の利用実態に関する調査研究報告書』2016年

文部科学省『幼稚園教育要領解説』2018年

文部科学省『令和元年度児童生徒の問題行動・不登校等生徒指導上の諸課題に関する調査結果について』2020年

（馬場康宏）

人間関係

1 ねらい

(1) 幼稚園生活を楽しみ，自分の力で行動することの充実感を味わう。

(2) 身近な人と親しみ，関わりを深め，工夫したり，協力したりして一緒に活動する楽しさを味わい，愛情や信頼感をもつ。

(3) 社会生活における望ましい習慣や態度を身に付ける。

2 内容

(1) 先生や友達と共に過ごすことの喜びを味わう。

(2) 自分で考え，自分で行動する。

(3) 自分でできることは自分でする。

(4) いろいろな遊びを楽しみながら物事をやり遂げようとする気持ちをもつ。

(5) 友達と積極的に関わりながら喜びや悲しみを共感し合う。

(6) 自分の思ったことを相手に伝え，相手の思っていることに気付く。

(7) 友達のよさに気付き，一緒に活動する楽しさを味わう。

(8) 友達と楽しく活動する中で，共通の目的を見いだし，工夫したり，協力したりなどする。

(9) よいことや悪いことがあることに気付き，考えながら行動する。

(10) 友達との関わりを深め，思いやりをもつ。

(11) 友達と楽しく生活する中できまりの大切さに気付き，守ろうとする。

(12) 共同の遊具や用具を大切にし，皆で使う。

(13) 高齢者をはじめ地域の人々などの自分の生活に関係の深いいろいろな人に親しみをもつ。

column ❷　恥ずかしがり屋のEちゃんのコマ回し

　冬に入り、4歳児クラスでは個人用の木製ゴマを子ども達に配りました。子ども達は大喜び、好きな色を塗ったり、思い思いの絵を描いたりしていました。早速コマを回そうとしますが、コマに糸をうまく巻けなかったり、勢い余ってコマが跳んでいったり、なかなかうまくいきません。保育者に糸を巻いてもらい、練習をしていましたが、回すことができず飽きてしまう子どもも出てきました。すると、少し恥ずかしがり屋さんのEちゃんが注目を浴びます。なんと、自分一人でコマに糸を巻き、回すことができたのです。それを見ていた一同からは拍手が起こりました。飽きていた子ども達も、「オレのも巻いて」「ワタシのも」「どうやって回したの？」と次々Eちゃんのもとへ。Eちゃんは少し恥ずかしそうに答えたり、友達のコマの糸を巻いてあげました。普段関わらない友達と話したり、教えてあげたりするEちゃんがたくましく見えました。

（今里淳平）

第4章
環境（1）

概要

（1）「環境」の指し示すもの　環境の範囲

　保育内容「環境」の勉強を始めるとき、必ず読むのが幼稚園教育要領や保育所保育指針等のねらいと内容のページです。そこを読むとき、まず、3つのねらいの全てが「身近な」という言葉で始まっていることを覚えてください。そこで、「身近な環境」にはどのようなものがあるか、考えてみましょう。漠然として思い浮かばなければ、「良い環境だね」や「環境が良くないね」といわれた時にどのような事柄が該当するのかを考えてみると良いでしょう。どのような「環境」が出ましたか？

　この問いを、初回の授業で学生に問うてみると、実に様々な「環境」が挙げられます。天気や自然（緑の量）、空気、時間的ゆとりといったものから、人間関係や居心地（居場所）といった心の状態に関係するもの、また、平和や安全、伝統文化とその継承なども挙げられます。保育を学ぶ学生らしく、子育てや家庭、玩具や絵本といったものも挙げられます。数年前から登場して驚かされたものとして、Wi-fi というものも出てくるようになりました。情報化社会といわれる昨今、また 2019 年末から世界的な感染拡大が問題になっているコロナ禍でのリモート講義の受講など、Wi-fi 環境の良し悪しは私達の生活を揺るがす大問題です。私たちが日々、様々な環境に取り囲まれて生活をしていることを考えれば、この「身近な環境」が指し示すものがこれだけ多くあり、また様々なジャンルを横断しているのは当然のことです。

このように「環境の指し示すもの」の幅の広さを思うと、保育内容「環境」で学ぶべき内容も限りなくあるように思えます。身近な環境というのは、親しんだり関わってみたりすることができるところに特徴があると大場幸夫（1990）は述べています。大場が子どもと環境を考えるときに４つの視点から環境を分類しています。①社会環境、②自然環境、③物質文化環境、④情報環境の４つです。先に学生達が挙げた身近な環境も、この４つのどこかにあてはまります。一方で、第５章で山野井も指摘しているように、環境の幅広い内容は、例えば小学校の各教科との繋がりはあるものの、内容ごとに授業をしたり保育展開をしたりするものではないため、上の４つの分類を横断していることがわかります。

　例えば、学生の挙げた「時間的ゆとり」という身近な環境で考えてみましょう。大きな「時間」の流れは季節感を感じさせ②自然環境の要素も含みますが、季節の行事などと関連すれば③物質文化環境の要素が強くなります。また、時間に「ゆとり」がある社会の形成いうことになれば①社会環境の要素にも関わり、時間を可視化した文字や数字、数量から物事を考えようとすれば④情報環境に関わります。現行の幼稚園教育要領（文部科学省）や保育所保育指針（厚生労働省）、そして、幼保連携型認定こども園教育・保育要領（内閣府）の３歳以上児の領域「環境」の内容として12の項目が挙げられています。これらも、大きく分けるとこの４つの分類で考えることができます。

（2）環境と子どもの育ち

　これまで述べたように、環境の指し示すものは幅が広く、私達は日々、環境と関わりながら環境の中で暮らしているわけです。保育者としてその保育活動を計画し展開しようとするときには、それらの環境を成長・発達に則して繋ぐ積極的な営みも必要となります。環境はいつでも身の回りに存在していますが、当たり前にそこに在るからこそ気が付かない環境素材が実に多いのです。

郵便屋さんごっこの待合室側（すみれ保育園筆者撮影）　郵便屋さんごっこの窓口側（すみれ保育園筆者撮影）

　皆さんは、自分の住まいから一番近い郵便ポストがどこにあるかご存知でしょうか？　園では、人の名前や文字に興味を持った子どもを中心に郵便屋さんごっこが始まる風景がごく自然に見られます。上の写真は、ある保育園の郵便屋さんごっこコーナーです。このような遊びの場でお手紙の交換がなされるには、まず、郵便ポストの存在は欠かすことができません。郵便局の郵便マークを知ったり、ポストに入れて手紙が回収され配達される仕組みを理解したりすることで初めて、子どもが郵便ポストの製作に取り掛かることができるのです。製作に入る前に、子ども達と一緒に近くの郵便ポストを見に行ったり、時間帯を合わせて郵便屋さんが回収する様子を見せたりして、子ども達の中にある郵便ポストのイメージをより印象付け、園に帰ってからの製作という保育活動へ繋いでいきます。その時に、保育者は園から一番近い郵便ポストの場所や、回収の時間、回収された郵便物の行先などについて知っていなければなりません。一度郵便ポストを見に行った経験を持った子ども達にとっては、その日から登園途中に見える当たり前の風景の中に埋もれていた郵便ポストが、「見える」ようになるのです。

　このように、環境が子どもに働きかけることを、「環境のアフォーダンス」と言います。アメリカの生態心理学者のギブソン（1904-1979）は、環境が人間を含めた生命体に様々な意味を提供して（afford）いることを「アフォーダンス」と名付け、概念として提唱しました。先の事例で示し

たように、風景の中に溶け込んで気が付かなかった郵便ポストが、そこに在るだけではなく、子どもにとって意味のあるものになるために、保育者が少しだけ子どもと環境との出逢いをコーディネートする必要があるのです。それが、幼稚園教育要領等の領域「環境」のねらいにあるように、「周囲の様々な環境に好奇心や探求心を持って関わり、それらを生活に取り入れていこうとする力を養う」ことにつながっていきます。

最新の動向

（1）社会環境に関する保育の展開

　ここでは、大場の示した環境の４つの分類（①社会環境、②自然環境、③物質文化環境、④情報環境）に則して、具体的な保育の展開を示しながら、領域「環境」について考えていきます。その中で、②自然環境については、第５章で詳しく書かれているので、ここでは、①社会環境、③物質文化環境、④情報環境について主に述べます。

　2019 年 12 月、中国の武漢で発生した新型コロナウイルス感染症の世界的拡大の影響で、2020 年度以降の保育現場は混乱を極めました。領域「環境」の内容「(6) 日常生活の中で、我が国や地域社会における様々な文化や伝統に親しむ」の内容の取扱いで示される「(4) 文化や伝統に親しむ際には、正月や節句など我が国の伝統的な行事、国家、唱歌、わらべうたや我が国の伝統的な遊びに親しんだり、異なる文化に触れる活動に親しんだりすることを通じて、社会とのつながりの意識や国際理解の意識の芽生えなどが養われるようにすること」の項目をふまえて、例年であれば園で企画されている地域の人々との交流や正月行事などは多くの園で中止となりました。外に出られない中で、日々の散歩すら我慢を強いられつつ、原則、休園措置を取ることのできない保育の現場では、様々なコロナ対策が必要となります。

さらに、就学前の子ども達の集まる場で「密を避ける」ことは困難です。保育者を目指す学生にとっては、園で行う実習も大きな影響を受けました。実習を終えた学生に、園でのコロナ対策を聞いてみると実に様々な対応があり、苦慮しながらも子ども達との生活を快適に保とうとする保育現場のたゆまぬ努力の姿が見えてきました。

　園内の設備環境としては、こまめな換気や消毒液の設置などの基本的な事項の他、空気清浄機の導入、パーテーションの設置などが挙げられました。保育者が行った対策として、朝夕の検温、マスクの着用、場合によってはフェイスシールドの着用の徹底や、エプロンを場面によって使い分ける、小さな玩具一つ一つにまで消毒を行う、休憩時間の調整による密の防止もありました。子ども達や来園者も含めた手洗い・うがいの徹底はもちろん、園によってはうがいによる飛沫防止策のため、うがいの仕方や水道利用の制限を行ったところもあるようです。子ども達は年齢が高くなればマスク着用や密にならないように距離を取ること、更にグループ机に友達と向かい合って座らず、全員が一定方向を向いて座ることなどの変更に対応できるようになったとの報告も聞かれます。一定方向を向いて座ることは、年長児にとっては一足早い１年生気分を味わっているという前向きな様子も見て取ることができました。

　一方で、3歳未満の乳児にとっては、保育者の表情を隠してしまうマスクに脅威を感じたり、スキンシップの不足に対応できなかったりする子どもも多いと聞きます。また、給食の配膳はお当番さんによる配膳を取りやめ少人数の保育者が全て行うといった対応や、ジップロックに紐を付けたマスク入れを各自が持参し、椅子につけておくようにするなどの工夫をしている園も報告されました。給食時にはなるべく話をしないといった対応は多くの園で行っていますが、困難な部分が多いようです。このような様々な対策、工夫を行っているものの、地域の子育て支援施設の拠点として機能する保育の現場においては、共働き家庭、ひとり親家庭、外国にルーツのある家庭など、社会の状況が大人にもたらす影響

を受けざるを得ません。

　通常時であれば、先ほどの郵便屋さんごっこの事例のように、子ども達が園を飛び出して地域社会に出て体感することが、成長発達に繋がっていきます。地域の公園、施設、人々と共に暮らし社会の中で子どもが育つことのできる環境が、当たり前の情景として戻ってくると保育の幅も大きく広がります。

（2）　物質文化環境に関する保育の展開

　近年、園舎や園庭の環境が変わってきたという印象を持ったことはありませんか？　仙田満（2009）は、建築家として新しい発想で様々な園舎や園庭を作っています。その中で「遊環構造」というものを提唱しています。遊環構造は「循環機能があること」「その循環（道）が安全で変化に富んでいること」や「その循環に"めまい"を体験できる部分があること」などの7つの条件をもつものとしています。園舎や園庭という場は、子ども達が遊ぶ中で、様々な発達を得る空間です。領域「環境」の内容には、「(8) 身近な物や遊具に興味をもって関わり、自分なりに比べたり、関連付けたりしながら考えたり、試したりして工夫して遊ぶ」とあります。園舎や園庭の中に遊ぶ場や身近な遊具がどのようにそこに在るかは、子どもたちが主体的に工夫して遊ぶためには大事なきっかけを提供する物といってよいでしょう。

　内容の取扱いでは「(1) 幼児が、遊びの中で周囲の環境と関わり、次第に周囲の世界に好奇心を抱き、その意味や操作の仕方に関心をもち、物事の法則性に気付き、自分なりに考えることができるようになる過程を大切にすること。また、他の幼児の考えなどに触れて新しい考えを生み出す喜びや楽しさを味わい、自分の考えをよりよいものにしようとする気持ちが育つようにすること」とあります。物質文化環境における保育を考えるとき、子どもが遊ぶ空間の中に、子ども自らが考える種が落とされていることが大切です。その種を発見した子どもは、その環境の中

幼稚園のトイレ（高根沢第二幼稚園提供）

で様々な芽を出し育ち、個々が集まってまるでジャングルのように遊び空間の環境と関わっていくのです。

　写真は、ある幼稚園のトイレです。乳幼児は排泄を促しても、過去の排泄の失敗等から行き渋ることがあります。しかし、この園の子ども達は、保育者が促さなくても自分で判断してトイレに行くそうです。園長先生は、園の中は楽しい空間が広がっていることが大切だといいます。楽しさが子どもの育ちを保証する空間であるとすれば、子ども達の関わる「物」の環境は非常に大切だということがわかります。

（3）　情報環境に関する保育の展開

　園舎内外には様々な情報があります。特に壁面構成では、季節感や月日等の情報、数情報、文字情報、図形情報など、様々なものが伝わります。だからこそ、保育の場では環境設定のひとつに壁面構成がありました。近年、壁面構成の質が変化してきています。画用紙で作ったものだけではなく、子どもの作品を取り込んだものや、保育室を居住空間と捉えてインテリアコーディネートしている園もあります。

　ICT化も進み、誰でも簡単に写真の撮影ができ、短時間でそれを形にすることも可能です。そこで、保育ドキュメンテーションという手法を取り入れる園も多くなりました。これは、保育の様子を写真に撮り掲示することで、保育カリキュラムを可視化するものです。カリキュラム達成への道筋を保育者、保護者、地域が共有し、協働しながら次のステップを目指すものとされています。

掲示の一例（すみれ保育園筆者撮影）

今後の学びに向けて

　領域「環境」の内容の取扱いに「(5) 数量や文字などに関しては、日常生活の中で幼児自身の必要感に基づく体験を大切にし、数量や文字などに関する興味や関心、感覚が養われるようにすること」とあります。この「必要感」という言葉は一般にはなじみが薄いので、よく「必要に迫られて」という意味合いと勘違いする学生がいます。しかし、ここで言われている必要感とは、子ども自身の心に生じた必然性という意味です。仲良しのお友達に手紙を出したいからお互いの名前を文字で書きたい、美味しいクッキーを作りたいから小麦粉の量を正確に測りたい、というように、こどもの「〜したい！」が必要感です。

　やりたいことが叶う経験は大人でも嬉しいことです。保育者は子どもの「〜したい」を現実にする術を持っていなくてはなりません。それは非常に身近な環境素材の中に隠れていることが多いのです。

　この世に生を受けて数年という幼い子ども達にとって"当たり前"のことは、決して当たり前ではなく不思議に満ちた世界です。大人になった皆さんは、その子ども心を蘇らせて忘れずにいることが身近な環境を見直すきっかけになるでしょう。

【引用・参考文献】
　大場幸夫監修『新・保育内容研究シリーズ/3環境』ひかりのくに、1990年
　仙田満、藤塚光政『こどもの庭　仙田満＋環境デザイン研究所の園庭・園舎30』世界文化社、2016年
　日本建築学会編『こどもの環境づくり事典』青弓社、2014年
　森上史朗・柏女霊峰編『保育用語辞典第8版』ミネルヴァ書房、2015年
【写真協力】
　すみれ保育園（社会福祉法人豊心会　園長齋藤好子）
　高根沢第二幼稚園（学校法人高根沢育英会　園長齋藤君世）

（山路千華）

環境

1　ねらい

（1）　身近な環境に親しみ，自然と触れ合う中で様々な事象に興味や関心をもつ。

（2）　身近な環境に自分から関わり，発見を楽しんだり，考えたりし，それを生活に取り入れようとする。

（3）　身近な事象を見たり，考えたり，扱ったりする中で，物の性質や数量，文字などに対する感覚を豊かにする。

2　内容

（1）　自然に触れて生活し，その大きさ，美しさ，不思議さなどに気付く。

（2）　生活の中で，様々な物に触れ，その性質や仕組みに興味や関心をもつ。

（3）　季節により自然や人間の生活に変化のあることに気付く。

（4）　自然などの身近な事象に関心をもち，取り入れて遊ぶ。

（5）　身近な動植物に親しみをもって接し，生命の尊さに気付き，いたわったり，大切にしたりする。

（6）　日常生活の中で，我が国や地域社会における様々な文化や伝統に親しむ。

（7）　身近な物を大切にする。

（8）　身近な物や遊具に興味をもって関わり，自分なりに比べたり，関連付けたりしながら考えたり，試したりして工夫して遊ぶ。

（9）　日常生活の中で数量や図形などに関心をもつ。

（10）　日常生活の中で簡単な標識や文字などに関心をもつ。

（11）　生活に関係の深い情報や施設などに興味や関心をもつ。

（12）　幼稚園内外の行事において国旗に親しむ。

column ❸　タケノコ掘りにチャレンジ

　毎年、春になると近所の竹林に招待していただき、子ども達がタケノコ堀りを体験します。長袖、長ズボン、長靴をはき、軍手をはめ、シャベルを持ってタケノコ掘りに出発です。暑い日でも、竹林の中は風がそよそよ吹いてとても気持ちがいいです。小さくてかわいいタケノコ発見、あっちに大きいタケノコ見つけたと、もう大騒ぎ。タケノコの周りの土をシャベルで一生懸命掘ります。傷付けないように少しずつ慎重に掘ります。タケノコがぐらぐらしてきました。みんなで力を合わせて掘りましたが、残念、途中でタケノコが折れてしまっていました。初めて体験する子は、なかなかうまく掘れません。それでもあきらめずに再度、チャレンジしました。今度こそ、という気持ちが伝わってきます。大切に掘り続けます。そして最後の掘り起こしは先生に手伝ってもらいました。ついに成功して大喜び。大きいものや小さいもの、みんなで何本採れたか数えました。掘ったタケノコの皮むきを手伝い、タケノコご飯をいただきました。その季節ならではの自然と触れ合う貴重な体験は、探求心や好奇心を豊かにします。

（町田加代美）

第5章

環境（2）

概要

（1）領域「環境」は『理科』に近いのか　小学校各教科との関連

　保育者養成課程の大学2年生36名（男子3名・女子33名）に対し、『保育内容演習（環境）』の初回の授業の際、「保育内容（環境）は小学校の教科のどれに近いと思いますか（複数選択可）」と尋ねたところ（**図表5-1**）、「理科」の回答率が94％と最も高く、次いで「生活」、「算数」、「総合」の順となりました。学生の大半は領域「環境」を「理科」や「生活科」に近い分野として捉えていることがわかります。

図表5-1　学生の領域「環境」に対するイメージ

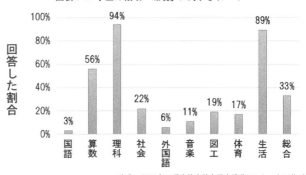

出典：2020年4月実施白鴎大学内講義アンケートに基づき筆者作成

　領域「環境」では「周囲の様々な環境に好奇心や探究心をもって関わり、それらを生活に取り入れていこうとする力を養う」ことを目標としています（保育所保育指針、厚生労働省2018）。現行の保育指針では、内容（3歳以上児）として12項目が挙げられており、自然に関する内容が複数含

まれていることから（内容①③④⑤）、生活科や理科との関連は深いと言えます。また、数量や図形、時計などの内容も含まれており（内容⑨）、算数科との関連もあります。先述した目標にもあるように、領域「環境」では子どもの好奇心や探究心の育成を重視しています。それは内容②④⑧に強く反映されており、子どもが「自分なりに比べたり、関連付けたりしながら考えたり、試したりして工夫して遊ぶ」ことができるよう支援していくことが求められています。探究を重視しているという点で『生活科』や『理科』、『総合的な学習の時間』と関係があります。大学生対象の質問紙調査では回答率は低かったものの、文字に関する内容も含まれていることから（内容⑩）、国語科とも関係しています。その他、日本の文化や伝統に親しむ（内容⑥）、身近な物を大切にする（内容⑦）、公共施設の利用や訪問（内容⑪）、国旗に親しむ（内容⑫）が含まれていることから、「理科」や「生活科」との関係は強いものの、これらの教科よりも幅広い内容を含む領域として捉える必要があります。

（2）保育は毎日が教科横断のアクティブ・ラーニング

　領域「環境」の内容は小学校の各教科との繋がりはあるものの、保育者はこれらの内容ごとに授業をするわけではありません。領域「環境」の内容だけでなく他の領域の内容も踏まえ、遊びを通した学びが行われるよう環境設定することが求められます。河邉（2017）が指摘しているように、保育者に第一に求められることは、子どもが対象に主体的にアプローチしていく意欲や態度を尊重することであり、その上で幼児の遊びへの意欲がさらに高まるような環境を用意することです。保育者には高い教育力が求められていると言えます。

最新の動向

（1）自然に関する保育の展開

　現行の保育指針の内容⑤に「身近な動植物に親しみをもって接し、生命の尊さに気付き、いたわったり、大切にしたりする」があります。生物と非生物の違いの認識や生物に関する説明等は幼児期に発達していくことから、保育者は飼育や採集など子どもが生物と関わる機会を繰り返し設け、発達を促す支援をすることが必要です（飼育に適した生物については山下・鑄物〈2015〉参照）。

「生物」の認識と発達

　子どもはいつ頃から生物と非生物を区別できるようになるのでしょうか。「成長」の観点で検討した研究では、3歳児の時点で多くの子どもは、生物は成長するが非生物は時間が経っても成長しないと認識していることが報告されています。「死」の観点で検討した研究では、4歳児の半数程度は動物や植物は例外なくいつか死ぬ、それが避けられない、一度死んだら生き返らないと認識しているが、これらのことはフォークやカギなどの人工物には当てはまらないと認識していることが報告されています。ただし、4歳児の植物の死についての認識は6歳時に比べて不安定であり、子どもは幼児期を通して植物も死ぬことを認識していきます（上記の研究概要については中島・外山〈2013〉を参照）。

「生物」に関する説明の発達

　子どもの生物に対する説明は「意図的因果」「生気論的因果」「機械的因果」の3つに分類され、この順番で発達していきます。例えば「なぜごはんを食べるの？」に対して、「食べたいから」「大きくなりたいから」など自分の気持ちに基づいた説明は「意図的因果」、「元気のもとを得るため」「お腹がいっぱいになるように」など活力の生成や循環に基づく説明は「生気論的因果」、「消化・吸収することでエネルギーを得るため」

など生理学的メカニズムに基づく説明は「機械的因果」に分類されます。「生気論的因果」の分類がやや難しいと感じるかもしれません。「意図的因果」より体内で起こることのしくみを説明しようとしていますが、「機械的因果」と比べるとしくみの説明に曖昧さがあると捉えると分かりやすいでしょう。伊藤・山野井（2018）によると、意図的因果から生気論的因果への移行は5歳児から6歳児の間に起こるとされます。また、8歳児を対象とした研究では機械的因果が主であることが示されています（稲垣、1995）。つまり、幼児期において保育者は意図的因果から生気論的因果への発達を支援できるよう、子どもに「なぜ息を吸うの？」等を尋ね、子どもの回答が生気論的因果に近いものであれば「よく知っているね」のように褒めると良いでしょう。

　「子どもは、ウサギを人間の赤ちゃんのように抱き、語りかけることもある」と保育指針解説に書かれていますが、子どもは生物を擬人化して捉えることがあります。この擬人化に対して稲垣（1985）は「幼児が擬人化による類推を行い、その正誤を知ることで、生物全般の理解やその生物の特殊性の理解へと繋がっていく。擬人化による類推は知的に洗練された推量」としています。また藤岡ら（2012）は、園で飼育しているカメ、チョウ、ダンゴムシは「じっと見つめられたら、恥ずかしいって気持ちになるかな？」などの質問を子どもにすることで、生物に心的機能を付与する傾向があるかを調査していますが、その結果、年長児は年中児に比べて、擬人化傾向が弱かったことを報告しており、この傾向は動物との関わりが多かった子どもほど顕著でした。つまり、幼児期の子どもは生物と関わり擬人化による類推を行いながらも、次第にその生物の特徴（人との違い）を理解していくと言えます。例えば、子どもは園庭でアリを観察し、巣に戻っていく様子を見ながら「アリもお母さんと一緒じゃないと寂しいんだね」や「お腹がすいたからお家に帰ってご飯食べたいのかな」などと擬人化による類推をしますが、アリの生態を絵本や保育者の説明等により知ることで、アリは種によってはお母さん（女王アリ）

ではなく姉妹（働きアリ）が子どもの世話をしていることを知り、人との違いを認識していきます。つまり保育者は子どもの擬人化による類推を評価しつつも、人との違いに気付かせるような支援をしていくことが望ましいのです。

（2）数量や図形に関する保育の展開

　現行の保育指針の内容⑨に「日常生活の中で数量や図形などに関心をもつ」があります。しかしながらOECD国際幼児教育・保育従事者調査2018報告書（国立教育政策研究所、2020）によると、日本の数的発達に関する保育は言語発達等に関する保育とは対照的に、参加国平均より著しく低いことが報告されています（**図表5-2**）。子どもの発達を踏まえた数量や図形に関する保育の充実が急務と言えます。

図表 5-2「数的発達」に関する日本の保育の現状

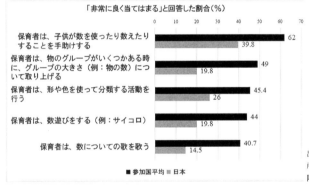

出典：国立教育政策研究所「幼児教育・保育の国際比較」明石書店、2020年 p.56 に基づき作図

数の認識に関する発達

　乳児であっても「3」までの数であれば正確に捉えることができると考えられています。つまり、3つまでであれば物の数を正確に数えたり、足し算（1+1=2）や引き算（2-1=1）になることも理解できること、実験により確認されています。また、乳児は「4以上」であっても、16より32の方が多いなど、大まかには区別はできると考えられています。そのため、

幼児教育においては「4以上」の数を正確に捉えることができるようになるよう支援していくことが重要です。具体的には、以下の3つのことが理解できるようになると良いと言えます。①もの1個と数字1個が対応すること：数え飛ばしたり、同じものを2度数えたりすると、正しい数は得られない。②1～10は常に同じ順序：1,2,4,3,5には決してならない。③数を数えるとき、最後の数が全体の数：リンゴを1,2,3,4,5と数えた場合、リンゴの数は5個である。このうち、特に③が難しいです。多くの3歳児は1～10まで数を唱えることはできますが、数を数えることはできない場合が多いです。例えば、3歳児に「リンゴの数を数えてみて」と言うと、1,2,3,4,5と唱え始めますが、「いくつあった？」と尋ねると、答えることができない場合が多いです。①～③の理解は4歳児頃までに獲得されると考えられ、その発達には保育者の支援が必要となります。

数の分配に関する発達

　おやつを均等に配るなど物の分配は日常生活でよくあることですが、その理解は6歳頃までに獲得されると考えられています。山名（2002）は、12枚のチップを2, 3, 4枚のお皿に均等に分ける課題を出すと（「同じように分けてね」と指示）、3歳児では3割程度の正答率、6歳児ではほぼ全員が正答できたことを報告しています（**図表5-3**）。ただし、6歳児であっても事前に分ける数を考えて分配することは難しく、実際に分けながら各皿のチップの数が均等になるよう数を数えていることが多いようです。

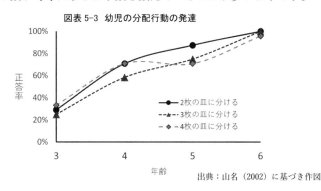

図表 5-3　幼児の分配行動の発達

出典：山名（2002）に基づき作図

足し算に関する発達

　小さい頃、自分はどのような方法で足し算をしていたか覚えているでしょうか。おそらく指を使って足し算をしていたでしょう。幼児教育においては小学校算数で扱うような式（1+1=2）を用いて足し算を学習するというわけではありませんが、遊びを通して、足し算を学んでいきます。幼児期は足し算の方法に関して、**図表 5-4** の①→②→③の順に発達していくようです。2+4 を例にして説明します。①のカウント・オールは 2 本と 4 本の指の数をすべて数える方法です。②のカウント・オンは 2 本の指は数えず 3,4,5,6 のように 4 本の指の方だけ数える方法です。③のミンは、2+4 を 4+2 に変え、5,6 のように 2 本の指だけ数える方法であり、カウント・オンをより効率的にした計算方法です。

図表 5-4　指を使った足し算方法の発達

① カウント・オール　② カウント・オン　　③ ミン

出典：榊原（2014）を基に描画

　小学生頃になると、指を使うことなく、頭の中で足し算ができるようになります。これはメンタル数直線というものが発達するためであると考えられており、幼児教育における数の認識一つの目標となるでしょう。本章で紹介した数の認識、分配、足し算に関する発達の詳細や子どもの実態については榊原（2014）や栗田（1999）を参照してください。

今後の学びに向けて

　近年、子どもの自然体験の減少が報告されていますが、幼少期の自

然体験は大人になってからの環境保全意識に影響することがわかっています。そのため、幼児期においては子どもが自然と触れ合う機会を作り、本章で扱った自然に関する認識の発達を促すことが大切です。ドングリを拾って数を数えることや分けること、ザリガニ釣りをして合計の数を競うなど、自然の中で遊びながら、数の認識の発達を促すことも大切です。また遊びの際に、色々試す「探索」の過程から疑問を解決する「探究」の過程へと導く支援を行うことが大切です（瀧川、2013）。

　しかしながら、保育者志望の大学生や若い保育士は虫嫌いなど自然離れも報告されています。保育者は自然に触れる機会を積極的に設け、子どもの頃に行った自然遊びをもう一度やってみる、身近な動植物の名前を憶える、四季の生物の変化に関心を寄せることが大切です。

【引用・参考文献】
　　伊藤哲章・山野井貴浩「幼児の素朴生物学の獲得時期に関する調査研究」白鷗大学教育学部論集12(2), 151-163、2018年
　　藤岡久美子ら「幼稚園における動物飼育経験と動物に対する認識の関連：カメ,チョウ,ダンゴムシの知識と擬人化」山形大学教職・教育実践研究 7, 33-43、2012年
　　稲垣佳世子「幼児教育における生物概念の指導—最近の発達研究の知見から—」千葉大学教育学部研究紀要35(1), 203-212、1985年
　　稲垣佳世子『生物概念の獲得と変化』風間書房、1995年
　　河邉貴子「遊びを中心とした保育とアクティブ・ラーニング」幼児教育じほう　45(4), 13-19、2017年
　　栗田敦子『幼児の生活と数・量・形』東洋館出版社、1999年
　　榊原知美編著『算数・理科を学ぶ子どもの発達心理学』ミネルヴァ書房、2014年
　　瀧川光治「保育場面の幼児の探索・探究的な活動における「学び」の分析～思考の過程を経て獲得していく学びとその育ち～」関西国際大学研究紀要 14, 97-111、2013年
　　中島伸子・外山紀子『乳幼児は世界をどう理解しているか－実験で読みとく赤ちゃんと幼児の心』新曜社、2013年
　　山下久美・鑄物太朗『保育園・幼稚園でのちいさな生き物飼育手帖』かもがわ出版、2015年
　　山名裕子「幼児における均等配分方略の発達的変化」教育心理学研究50, 446-455、2002年

（山野井貴浩）

column ④ 「太陽さんお願い、メダカを助けて！」

　5 歳児クラスの子ども達と園内にある池を見に行きました。子ども達はメダカを見つけ、「かわいい」「ほしい」「飼いたい」と大盛り上がり。いつにもまして盛り上がっていたので、クラスで話し合い、保育室でメダカを飼うことにしました。メダカを飼い始めると、子ども達は「草に隠れてる」「泳ぐの早い」「ケンカしてる」と様々なことに気が付きます。何日かすると、メダカに白い点々が出て、元気もなくなり始めました。子どもたちは「元気がない」「病気なのかな」「新しい家、嫌かな」と心配の声。そこで子ども達と、図鑑やメダカの飼い方を本で調べることにしました。子ども達はメダカのために、必死に読んでいます。Ｃくんが「太陽さんが描いてあるよ！」と本を指さしました。日光浴が良いことを発見し、すぐに実行しました。子ども達の思いも届き、メダカは元気になりました。その後、メダカの卵の孵化まで成功しました。

（今里淳平）

第6章

言葉

概要

（1）言葉の内容

　言葉とは、ヴィゴツキー（1896-1934）によると三つの機能があるといわれています。一つ目は、「コミュニケーションの道具」二つ目は「考える道具」三つ目は「自己抑制の道具」です。誕生から初語出現までの一年余りの間、生まれたばかりの子どもでも、自分の欲求を伝えるために、泣いたり、笑ったり、手足をばたばたさせたりしながら、ノンバーバル言語を駆使し、周りとコミュニケーションをとろうとしています。人間の子どもだけが、授乳の時に休憩し、じっと母親の顔を見たり、あやされて笑ったりする能力を持っています。しかし、あらかじめ組み込まれた遺伝子によって発達できないのが、言葉です。生まれた国によって話しかけられる言語が異なるばかりでなく、環境によっても、発達の度合いが大きく違ってきます。周りの大人がいかに言葉を育む意識を持ち、子どもの言葉の発達の環境を整えるかにかかっているのです。

　「幼稚園教育要領」の保育内容「言葉」の領域では、以下に示すように、言語の基本となる聞く力や表現する力を養うことに重点が置かれています。

> 　経験したことや考えたことなどを自分なりの言葉で表現し、相手の話す言葉を聞こうとする意欲や態度を育て、言葉に対する感覚や言葉で表現する力を養う。
>
> 出典：文部科学省「幼稚園教育要領」保育内容「言葉」領域

生まれた環境の中で、一から自国の言語を身に付ける子どもにとって、言語環境の重要性は「ねらい」にもあるように、「生きる力」の基礎となる心情・意欲・態度を土台として多岐に亘ります。小学校就学前までに人の話を聞き、自分の気持ちや考えを伝え、わからないことは質問でき、日常生活に支障のない程度の基本的なコミュニケーション力を高めていく必要があります。

> 1ねらい：（1）自分の気持ちを言葉で表現する楽しさを味わう。
> （2）人の言葉や話などをよく聞き、自分の経験したことや考えたことを話し、伝え合う喜びを味わう。（3）日常生活に必要な言葉が分かるようになるとともに、絵本や物語などに親しみ、言葉に対する感覚を豊かにし、先生や友達と心を通わせる。
>
> 出典：文部科学省　幼稚園教育要領・保育内容「言葉」ねらい

　「2内容」の項目には、コミュニケーション力向上のための「聞く、話す、表現する、質問する、理解する」の他に、「あいさつをする」「言葉の楽しさや美しさに気付く」「体験を通じてイメージや言葉を豊かにする」「絵本や物語などに親しみ、想像する楽しさを味わう」等、10項目が具体的に示されています。

（2）言葉の指導内容

　授業においてはどのような内容を学ぶべきなのでしょうか。目標では、「領域の内容」の他に、「子どもの発達過程と指導法」、「子どもが育つ環境」「子ども理解と言葉」「保育者の援助の仕方」「言葉を促す児童文化財」についての知識や技能を高める内容が想定されます。

（3）児童文化財と言葉

　児童文化財には、子どもにとっての初めての文学ともいえる絵本やわ

らべうた、手遊び等がありますが、他にもおはなし（素話）を聞いたり、想像したりする経験もおおいに言葉を育てます。おはなしには、昔話が多く語られてきましたが、小学校学習指導要領「国語」の内容には、「伝統的言語文化」として低学年で「昔話、神話、伝承」の学習内容が盛り込まれています。

　乳幼児の発達や学びの過程を理解し、具体的な指導場面を想定して、保育を構想する方法を身に付けたり、領域の特性や幼児の体験と関連した情報機器及び教材の活用法を理解し、乳幼児が楽しく言葉を習得するための児童文化財についての知識や技術を学ぶことが求められています。

最新の動向

（1）自己肯定感向上と言葉かけ

　日本人は自己肯定感が低い、といわれています。これからのグローバル社会で生きていくためには、自信をもって自分の意見を発言していく能力が求められます。そのためには、幼児期から自己肯定感を育む必要があります。とかく、今までの日本式のほめ方、叱り方は、上手くできたら、ご褒美をあげたり、子どもの人格を否定するような叱り方をしてきた時代もあったのではないでしょうか。

　島村華子は、「幸福度世界1位のフィンランド式子育て」として、こうした条件付きの褒め方はその時にしか愛情を感じられないと指摘しています。自分で服を着られたとき、「すごいね」ではなく、「よく最後まで諦めずに頑張ったね」とその過程に目を向けるべきで、苦楽をともに分かち合う言葉かけが大切です。また、一方的に罰を与える叱り方は、より攻撃的・反発的になり、力を使った問題解決法が正当化されてしまう危険性があります。「ダメ」や「違う」より「そうだったんだね」「わかるよ」といった肯定的な言葉かけが必要で、子どもの努力やプロセスに

目を向け、いけない行動には、なぜいけないかを説明することが子ども
を尊重することにつながります。

　また、島村は次の7つの言葉かけを控えるように指摘しています。①
批判する②責める③文句を言う④脅す⑤罰する⑥目先の褒美で行動をコ
ントロールする⑦ガミガミ小言を言う。

　反対に、次のようなことに意識して、言葉かけをすることを推奨して
います。①応援する②励ます③傾聴する④信頼する⑤尊重する⑥違いを
話し合う⑦受け入れる。

　日常的に子どもと接する大人の言葉かけを意識的に変えることで、子
どもに自信を持たせ、自己肯定感の向上につながる結果となるのです。

（2）リテラシー教育と絵本の読み聞かせ

　言語獲得時の環境は、周囲の身近な大人の働きかけによって大きく左
右されます。40か国で行われたPIRLS（国際読解力）調査では、義務教
育に就学する前の家庭での読み聞かせに関する学習活動と、10歳時点で
の読解力には正の相関があると報告されています。OECD諸国における
乳幼児期教育とケア（ECEC：Early Childhood Education and Care）政策
に関して、『OECD保育の質向上白書』では、「家庭と地域社会との関与」
の重要性が指摘され、人生の始まりの根幹をなす「家庭での学習環境の
質的向上」にも注目が集まっています。政策レベル4においても、「家庭
と地域社会の関与1」には、「家庭での学習環境が子どもの学習成果に与
える影響」が焦点となっていて、今後「読み聞かせ」はさらに注目され
ていくことが予想されます。

　筆者も2018年より、研究対象を母親と1歳から3歳までに焦点をあて、
母子相互間の「絵本の読み聞かせ」によるリテラシーに関する研究事例
を縦断的に蓄積してきました。愛着形成が結ばれている母親と共に、子
どもが主体的に繰り返し読み聞かせを要求する絵本を共有する場面を録
画、録音することによって記録してきました。絵本の絵を見ながら耳で

親子で絵本の読み聞かせ

絵本の言葉を吸収することを繰り返し楽しんできた子どもは、2歳、3歳児になると、ほぼ絵本と同じ文章を暗唱する能力が備わっている場合もあるように思います。その結果、絵本で認知した言語を復唱し、日常的に活用することに繋がっているのです。親子で繰り返し共有した「絵本の読み聞かせ」が子どもによる語彙の構築や言語発達に大きな役割を果たしているのではないでしょうか。「絵本の読み聞かせ」は、大人が絵本の文章を音読した言葉を、子どもが耳で聞き、言語中枢の脳を刺激します。聴覚を刺激された言葉を子どもは、視覚的に絵本の絵で理解し、言葉の意味や発音を習得していく過程を辿りながら、決して模倣だけではなく子どもの言葉の発達や想像力に寄与しているのです。今後、「絵本の読み聞かせ」をさらに普及させていくことが求められていくでしょう。

（3）おはなしと昔話

　平成20年の小学校学習指導要領改訂では、国語科の改善の基本方針に則って、従来の「言語事項」が改編されて「伝統的な言語文化と国語の特質」が追加されました。具体的な内容は**図表6-1**に示す通り、低学年では「昔話・神話・伝承」が組み込まれています。平成18年の「教育基本法」の改正でも「伝統を継承し、新しい文化の創造を目指す教育」が謳われています。外国語の習得が盛んにいわれる昨今ですが、まずは何を学ぶにしても母国語の能力が大きく関わってきます。日本人として、

図表 6-1　小学校に組み込まれた指導内容

低学年	昔話	神話	伝承	
中学年	短歌	俳句	慣用句	故事成語
高学年	古文	漢文		

出典：文部科学省　学習指導要領「国語」2018 年

自国の文化や伝統を知り、国語力を身に付けてこそ、真の国際人として
はばたくことができるのではないでしょうか。

　大昔から、昔話は幼児にわかりやすい文学として伝承されてきました。
その理由のひとつに、昔話の伝承が聴覚文化として伝えられてきたため、
聞きやすく覚えやすい形式が整っていることがあげられます。シャルロッ
テ・ビューロー（1893-1974）は、昔話の描写の特徴として、次の 5 項目
をあげています。①時の流れが順序通りで決して逆戻りしない②お話の
冒頭に予告がされている③繰り返しが多い④目に見えるような描写が多
い⑤不思議なことが起こり、ハッピーエンドで終わる

　他にもマックス・リュティ（1909-1991）など、多くの昔話研究者が、
昔話の特徴が子どもに適していることを指摘しています。子どもの文学
として優れている昔話を、幼児教育においてももっと見直す必要がある
のではないかと考えています。

　さらに、現代の子どもは視覚文化に囲まれており、耳だけで話を聞き
ながら想像力を働かせることに慣れていません。聴覚文化である昔話を
大人が語ることにより、子ども達は聞くことに集中しながら、想像する
ことの楽しさや昔話がもつ力強いストーリーに引き込まれていき、自然
と言葉を模倣したり、善悪の判断といった大切な価値観、道徳観を学ん
でいけるのです。多くのメディアが子ども達を取り巻く時代だからこそ、
単純に耳だけで聴く物語を紡ぐ能力を育成する必要があるのです。

今後の学びに向けて

（1）言語の発達

　今後、ICT が隆盛になり、ますますメディア教育の普及のための技術取得や学習内容の需要が高まることが予想されています。しかし、幼児期における言葉の教育では、基礎となる過程を飛ばすことは危険です。ヒトの子どもが言葉を発達させていく過程は、ヒトが辿ってきた段階を踏まえているといわれています。読み書き能力が備わる前の人類は、ジェスチャーやイラストや話し言葉のみで物事を伝えてきました。子どもも初語が出現し、それ以降しばらくは周囲の模倣をしながら、試行錯誤を繰り返し自国の言語を身に付けていくのです。

　幼児期には、目と目を見ながら話したり、人の話を集中して聴く習慣を身に付けること、自分の気持ちに寄り添った周囲の大人から語りかけてもらえる温かい経験が必要です。その上で、ぬくもりのある絵本の読み聞かせやおはなしを聴く機会を豊富に体験することが、子どもの言葉の礎となります。

（2）学生時代に学んでおくこと

　SNS に慣れ親しんでいる学生にとっては、流行語の多用や語彙不足に陥りがちな自身の言語能力を高めていく必要があります。読書習慣は、楽しみながら言語リテラシー向上につながるものですが、平山祐一郎（2015）が 11 大学 2,169 名を対象に行った調査では、大学生の不読率は、2006 年では 33.6％、2012 年には 40.1％に上昇しています。平山はその原因として、携帯電話やパソコンに割く時間の増加をあげていますが、今後電子書籍に移行する時代になってからも、読書への思い入れは、幼児期の読書体験の有無が大きく反映していくものと思われます。

　こうした状況を踏まえて、学生時代には自身の言語リテラシー能力向

上に努め、読書の質と量の増加を心がけましょう。それと同時に、子ど
もの言語向上に寄与する、絵本やおはなしの知識や技術を高めることも
求められています。

【引用・参考文献】

浅木尚実編著『絵本から学ぶ子どもの文化』同文書院、2016年

ヴィゴツキー、L.S.柴田義松訳『思考と言語（新訳版）』新読書社、2001年

島村華子『モンテッソーリ教育・レッジョ・エミリア教育を知り尽くしたオックスフォー
　　ド児童発達学博士が語る自分でできる子に育つほめ方叱り方』ディスカヴァー・トゥ
　　エンティワン、2020年

バリー・サンダース、杉本卓訳『本が死ぬところ暴力が生まれる―電子メディア時代にお
　　ける人間性の崩壊』新曜社、1998年

平山祐一郎「大学生の読書の変化―2006年と2012年調査の比較よりー」「読書科学56巻2号」
　　2015年

水橋史希子『将来の学力・コミュ力は10歳までの「言葉かけ」で決まる』コスモトゥーワン、
　　2019年

メアリアン・ウルフ他『プルーストとイカ―読書は脳をどのように変えるのか？』インター
　　シフト、2008年

OECD編著『OECD保育の質向上白書』明石書店、2019年

（浅木尚実）

言葉

1　ねらい

(1)　自分の気持ちを言葉で表現する楽しさを味わう。

(2)　人の言葉や話などをよく聞き，自分の経験したことや考えたことを話し，伝え合う喜びを味わう。

(3)　日常生活に必要な言葉が分かるようになるとともに，絵本や物語などに親しみ，言葉に対する感覚を豊かにし，先生や友達と心を通わせる。

2　内容

(1)　先生や友達の言葉や話に興味や関心をもち，親しみをもって聞いたり，話したりする。

(2)　したり，見たり，聞いたり，感じたり，考えたりなどしたことを自分なりに言葉で表現する。

(3)　したいこと，してほしいことを言葉で表現したり，分からないことを尋ねたりする。

(4)　人の話を注意して聞き，相手に分かるように話す。

(5)　生活の中で必要な言葉が分かり，使う。

(6)　親しみをもって日常の挨拶をする。

(7)　生活の中で言葉の楽しさや美しさに気付く。

(8)　いろいろな体験を通じてイメージや言葉を豊かにする。

(9)　絵本や物語などに親しみ，興味をもって聞き，想像をする楽しさを味わう。

(10)　日常生活の中で，文字などで伝える楽しさを味わう。

　ある朝、園庭の落ち葉掃きをしていると5歳児S子が「先生、みんなが帰っ
た後のお部屋ってどんな感じなの？」と聞いてきました。「真っ暗でとっても
静かなの。でも、昨日はね、ざわざわ物音がするのでそっとのぞいてみると、
小さな妖精さん達が楽しそうにお話ししていたの」「えっ、すごい、私も妖精
さん達見たい」。次の日「先生、昨日も妖精さん達遊びに来たの？」「うん、
来たよ」「へぇ、ねえ先生、本当のことを言って」「S子ちゃん、妖精さんは、
信じる人だけが見えるんだよ」「先生、私、暗くなると妖精さん見える」S子
は目をキラキラさせ嬉しそうに話しました。会話の中からイメージが膨らみ、
言葉のやりとりや楽しさを友達と共有し、妖精となってかくれんぼや追いか
けっこをし、ごっこ遊びへと発展していきました。身近にいる保育者は、子
ども自身が興味や関心を持ったことをしっかり受け止め、そして、その気持
ちをくみ取ってあげることが大切です。

（町田加代美）

第7章

音楽表現

概要

（1）『幼稚園教育要領』の変遷

　現在『幼稚園教育要領』に示されている領域「表現」は、当初は「音楽リズム」「絵画製作」でした。

　『幼稚園教育要領』が日本で初めて誕生したのが昭和31（1956）年であり、この教育要領は昭和23年に幼稚園・保育所及び家庭における保育の手引書として刊行された『保育要領』を改訂したものです。『保育要領』の音楽関係に関わる内容としては、2.の「リズム」（歌唱遊び、リズム遊び）、5.の「音楽」（歌、器楽、よい音楽を聞くこと）でした。

　昭和31（1956）年に成立した『幼稚園教育要領』は、小学校以上における教科との違いを明確にし、「望ましい経験」として示された「健康」「社会」「自然」「言語」「音楽リズム」「絵画製作」の6領域でした。「音楽リズム」における「望ましい経験」とは、①歌を歌う、②歌曲を聞く、③楽器をひく、④動きのリズムで表現する、の4項目でしたが、小学校の「音楽科」の準備段階として扱われることが多く、技能や技術を教え込むという結果になりました。

　昭和39年には第1次改訂が行われ、小・中・高等学校における学習指導要領と同様の「文部省告示」として公示されることとなりました。

　「音楽リズム」の領域では①のびのびと歌ったり、楽器をひいたりして表現の喜びを味わう、②のびのびと動きのリズムを楽しみ、表現の喜びを味わう、③音楽に親しみ、聞くことに興味をもつ、④感じたこと、考

えたことなどを音や動きに表現しようとする、の4つの「ねらい」が示されました。

　平成元（1989）年の25年ぶり第2次改訂では「健康」「人間関係」「環境」「言葉」「表現」の5領域となり、「音楽リズム」「絵画製作」は廃止され、感性と表現に関する領域「表現」に変更されました。「ねらい」として、①いろいろなものの美しさなどに対する豊かな感性をもつ、②感じたことや考えたことを様々な方法で表現しようとする、③生活の中でイメージを豊かにし、様々な表現を楽しむ、が示されました。これにより、幼児主体の楽しい音楽表現を実践してゆくことが求められ、これまでの音楽教育の内容を見直す大変重要な契機となりました。

　平成10（1998）年には第3次改訂が行われ、「幼児の豊かな人間性や自ら学び自ら考える力など生きる力の基礎を育成する」を基本的な「ねらい」とし、領域「表現」では「感じたことや考えたことを自分なりに表現することを通して、豊かな感性や表現する力を養い、創造性を豊かにする」が示され、「内容の取り扱い」の(2)に「幼児自身の表現しようとする意欲を受け止めて、幼児が生活の中で幼児らしい様々な表現を楽しむことができるようにすること」の文言が追加されました。

　平成20（2008）年の第4次改訂では、平成18（2006）年教育基本法が改正され新規に「幼児期の教育」の項目が入ったこと、平成19（2007）年に「学校教育法」が改正されたことにより、幼稚園が小学校以降の学校教育のはじまりとして位置付けされ、小学校教育以降の教育の基礎であることが明確化されました。領域「表現」では「内容の取扱い」の(3)に「他の幼児の表現に触れられるよう配慮」、「表現する過程」が追加され、子どもが他の子どもに触れられる工夫や、子ども自身が表現したいという気持ちを大切にし、保育者は子どもが表現して行く過程を大切にし、支援していくことが求められるようになりました。

　平成29（2017）年には第5次改訂が行われ、『幼稚園教育要領』『保育所保育指針』『幼保連携型認定こども園教育・保育要領』がほぼ同様の

内容となりました。また、新たに「幼児期の終わりまでに育ってほしい姿」10項目が示され、領域「表現」では「内容の取扱い」の(1)に「その際、風の音や雨の音、身近にある草や花の形や色など自然の中にある音、形、色などに気付くようにすること」、(3)に「様々な素材や表現の仕方に親しんだり」の文言が追加され、より具体的な内容となりました。

（2）子どもの音楽表現

　子どもの表現は素朴であり、ありのまま行われることがほとんどです。それは生後間もなくの語りかけに始まります。その語りかけに対し、次第にアーウーと答えられるようになり、やがては何気なく起こる様々な応答（表出）が始まり、家庭、地域社会、幼稚園及び保育所などでの環境を含め、それらすべてが子どもに様々な影響を与えることになります。そして、子どもはそこから多くの表現を学び、それが真似っこ遊びなどへと発展して行きます。やがては自分の世界がさらに広がり、4歳を過ぎる頃になると自分一人でも歌い踊りながら遊ぶことができるようになり、楽しい、高揚した気持の世界を知るようになるのです。それは、周りの者が気の付かないうちに、子ども自身がいつの間にか獲得して行くものであり、そこに言葉の成長が加わると、表現の仕方は無限に広がっていくことになります。もちろん育つ環境によっても違いはありますが、それは大人の想像を遥かに上回る展開となるのです。子どもの「表現」は、その後どんどん一人歩きをして行きます。保育者の役割としては、このような子どもの素朴な「表出」から「表現」への成長をしっかり見極められること、自分自身も環境の一部であることを認識し、的確な援助を行うことが求められるのです。

　したがって、保育者を目指す学生には、自分自身の感性、及び表現技術を十分に高めておくことが必須となります。さらには、『幼稚園教育要領』および『保育所保育指針』共通の「感じたことや考えたことを自分なりに表現することを通して、豊かな感性や表現する力を養い、創造性

を豊かにする」は学生自身にも言えることを認識してほしいものです。

最新の動向

（1）子ども達を取り巻く音楽表現

　現代は何事においてもスピードの時代。新幹線が走り、近い将来リニア新幹線の走る時代となり、より便利な時代へと社会が変貌しつつあります。当初はそのスピードに対し驚嘆しますが、時が経つにつれそれが当たり前となり、そしてもっと速く走るものを求めたくなるのです。すなわち新しい刺激・感覚を常に求めたくなるのが人間なのではないでしょうか。

　音楽においても同様であり、現代社会の中で聞こえてくるそのほとんどが、アップテンポのビートの効いたダンス付き音楽です。大晦日に放映される『紅白歌合戦』もそのほとんどが踊り付きの曲となり、ひと昔前のしっとりと聴かせる歌が少なくなりました。よくアップテンポのビートの効いたリズムで踊りながら歌が歌えるものだ、と不思議な気持ちになるほどです。

　こうした音楽は、日常生活の中において子ども達も否応無しに聞くことになります。そして驚くことに、子ども達はそれを即座に聞き覚え、見事に踊りながら歌ってしまうのです。幼稚園・保育所などで行われているお遊戯会などで使われている曲も、まさしくそのような音楽が主流であり、アップテンポのはやり歌が多いようです。わらべ歌、童謡の世界はどこにいってしまったのでしょうか。テレビなどを見ているから子ども達が知っている、好んで歌っている世界。マスメディアの力は大きいですね。一度領域「表現」の原点に立ち戻って、子ども達にとってどんな音楽表現が必要か、吟味することが必要です。『幼稚園教育要領』の「内容の取扱い」に「様々な素材や表現の仕方に親しんだり」の文言があ

るように、先人たちが歌い継いできた遊び歌・童謡などの抒情的な音楽と、現代の体感的な音楽の両者に親しむバランス感覚が保育者には求められるでしょう。

（2）手あそび歌

　乳幼児達と歌い遊ぶ音楽表現の一つとして「手あそび歌」があります。「手あそび歌」は、歌いながら数や言葉、手指の運動機能、リズム感覚、テンポ感覚、音列感覚及び感情表現などの発達に大変適した保育教材です。

　「手あそび歌」は現在でも次々と新しい曲が作曲され、保育現場においては保育内容の一つとしてほぼ毎日取り上げられています。

　それらの曲は原曲のまま歌われる場合もあれば、そのほとんどがアカペラで歌われるため、人から人へと歌い継ぐ過程で、気が付かないうちに歌いやすいようにメロディーが変わってしまい、同時に歌詞もその地方に合った言葉に変えられ、替え歌として使われている場合が多々あります。近年ではそうした曲が YouTube にもアップされており、保育者を目指す学生達がその映像を見て、自分のレパートリーとして取り入れている場面をよく目にします。保育のためのレパートリーを増やす意味では良いかと思いますが、ここで注意しなければならない点があります。それは著作権の問題です。

　著作権は各分野において近年特に取り沙汰されていますが、音楽も例外ではありません。メロディーあるいは歌詞を変更する際には作詞・作曲者の許可が必要なのです。

　昔から伝承されてきた作詞者及び作曲者が不詳の曲は良いのですが、楽譜として出されている「手あそび歌」は特に注意が必要です。改編された「手あそび歌」を子ども達と歌って遊ぶ場合には、一度原曲を調べ、著作権のことも確認してみてください。近年ではこのことに関しての研究も数多く行われています。

（3）ハンドベルと同種の楽器の活用

　ハンドベルは１つの楽器で１音だけ出すことのできる、手に持って鳴らす楽器です。楽器によっても異なりますが、おおよそ１〜３オクターブくらいの音階が作れる楽器です。その代表的なのが、演奏用に考案された「イングリッシュ・ハンドベル」であり、その楽器と同種なものとして、近年幼稚園・小学校などで数多く導入されている「ミュージックベル」、インドネシアの民族楽器で竹製の「アンクルン」、普及型ハンドベルとして考案されたアルミ合金製の「チャイム」などがあります。

　この楽器は１人で１音しか出せないため、複数の人数で音階を手分けし奏でる必要があり、協調性、集中力の育成など、教育的に大変良いと言われています。

　そして、近年ハンドベルと同種の楽器は保育現場や教育現場で大いに活用され始めています。事実、本学での教育者向け講習会「ハンドベル体験講座」の受講者を見ても、10年ほど前には小学校の先生方による関心が主流でしたが、最近では幼稚園や保育所の先生方からの関心が高まっています。このことからも、保育現場において音楽表現の一つとして保育に取り上げられている、あるいは取り上げようとしている幼稚園及び保育所が数多くあることがわかります。

今後の学びに向けて

　歌う活動を中心として学生時代に学んでおくべきことは、自分自身の表現力をできるだけ磨いておく、ということです。どうしたら表現力を磨けるでしょうか。それは、①感性の向上、②歌唱表現技術の向上、③イメージ力の向上、④子ども達に向けてさりげなく、自然に歌える保育者自身の表現技術の獲得、などの向上心による日々の積み重ねではないでしょうか。それは目に見えるものではないだけに厄介ですね。

①感性の向上

　感性は日常の過ごし方によって変化するものです。普段見過ごししている些細な物を改めて見てみる、見聞きしたことのない事、行ったことのない所（海外も含む）など様々な体験を行う、などの五感を通した感覚及び感動体験により左右されます。

　そこで感性に関しての質問です。

・最近富士山を見ましたか、その時どう思いましたか？

・夕焼けを最後に見たのはいつですか、どう思いましたか？

・道端に咲いている花を見つけたのはいつ頃ですか、どのような匂いを感じましたか？

・最近感動したことをお話できますか？

②歌唱表現技術の向上

　歌を歌うことは同時に言葉を扱うことに繋がります。したがって正しい日本語を子ども達に伝えるためには、次のような技術の習得が必要となります。これは歌を歌う際の基本です。

・発声法の習得　（保育においての疲労しない話し声にも有効）

・単語の頭の言葉をはっきりと発音　（言葉表現にも有効）

・助詞は弱く発音　（言葉表現にも有効）

・「Yama-no Otera」のように前の単語の最後の母音と、次の単語の母音が同じ場合、次の単語のOの母音をはっきり発音（言い直す）

・「ニッポン」の語尾、Mの発音でなくNの発音で歌唱　など

③イメージ力の向上

　作曲者は歌を作曲する際には詩の意味を考えイメージして曲を作ります。歌い手側は、歌う際、音程リズムを正確に歌うことは当たり前のことであり、その上で、歌詞の言葉をイメージすることが求められます。歌う側の感性が問われる時です。

　イメージに関しての質問です。

・「夕焼け小焼け」の最初の音は何に聞こえますか？

・歌詞の「カラスと一緒に帰りましょう」は共感できますか？

・この曲の情景（1番、2番）をイメージすることはできますか？

④子ども達に向けてさりげなく自然に歌える自身の表現技術の獲得

　このことは一番難しく特効薬はありません。歌を歌う際には①から③までを常に頭に置きながら経験を積むことが大切となります。

　詳しくは他の活動も含めて、「子どもの生活と遊びB」「保育内容演習（表現）」などの授業において学びましょう。

　見たものを美しいと思う、可愛いものを可愛いと思う感動できる心を子ども達に伝えられるよう、学生時代に様々な表現技術を習得することを願います。それによって、子ども達の仕草・表情から何を言おうとしているのかを読み取れるようになり、そのことが次の援助への手がかりとなるのです。

　自身が環境の一部であることを忘れずに、前進あれ。

【引用・参考文献】

　高御堂愛子・植田光子・木許隆監修編著、岩佐明子・岡田暁子・岡田泰子・奥田恵子・加藤あや子・菊池由美子・田中知子・松川亜矢・松本亜香里著『保育者をめざす楽しい音楽表現』圭文社、2017年

　児嶋輝美「インターネットによる手あそび歌の伝承について」幼児音楽研究会機関誌、2020年秋号

　無藤隆監修、浜口順子編者代表、宮里暁美・刑部育子編、砂上史子・吉川はる奈・岩立京子・吉永早苗・郡司明子著『新訂　事例で学ぶ保育内容領域表現』萌文書林、2018年

（荒井弘高）

表現

1　ねらい

(1)　いろいろなものの美しさなどに対する豊かな感性をもつ。

(2)　感じたことや考えたことを自分なりに表現して楽しむ。

(3)　生活の中でイメージを豊かにし，様々な表現を楽しむ。

2　内容

(1)　生活の中で様々な音，形，色，手触り，動きなどに気付いたり，感じたりするなどして楽しむ。

(2)　生活の中で美しいものや心を動かす出来事に触れ，イメージを豊かにする。

(3)　様々な出来事の中で，感動したことを伝え合う楽しさを味わう。

(4)　感じたこと，考えたことなどを音や動きなどで表現したり，自由にかいたり，つくったりなどする。

(5)　いろいろな素材に親しみ，工夫して遊ぶ。

(6)　音楽に親しみ，歌を歌ったり，簡単なリズム楽器を使ったりなどする楽しさを味わう。

(7)　かいたり，つくったりすることを楽しみ，遊びに使ったり，飾ったりなどする。

(8)　自分のイメージを動きや言葉などで表現したり，演じて遊んだりするなどの楽しさを味わう。

column ⑥ 「ボクはみんなと歌わないよ」

　３歳児クラスの朝の会では、子ども達と季節の歌を歌うことが日課でした。伴奏が始まると、Ａくんはみんなの輪から離れ、絵本コーナーに行ってしまいます。Ａくんは絵本を見ていても歌を口ずさんでいたので、彼なりの参加と捉えて、声掛けはせず、本人から来ることを信じ見守っていました。ある日、朝の会で伴奏が始まるといつものように絵本コーナーへ離れていくＡくん。歌いながら見守っていると、Ｂちゃんが A くんに近づき横に座りました。絵本を一緒に見ているのかな、Ｂちゃんにしてはめずらしいなと思いました。歌が終わるとＢちゃんが「Ａくんとっても歌が上手だよ。びっくりした！」と言いました。Ｂちゃんは絵本を読んでいるＡくんが口ずさんでいることに気が付き、近くで聞いていたのです。Ａくんは、あまり嬉しそうな様子ではありませんでした。しかし、次の日の朝の会ではみんなの輪に入り、大きな声で歌うＡくんの姿が見られました。

（今里淳平）

第8章

造形表現

概要

　幼稚園教育要領および保育所保育指針における領域「表現」のテーマは、「感じたことや考えたことを自分なりに表現することを通して、豊かな感性や表現する力を養い、創造性を豊かにする」と示されていますが子ども達が「自分なりに表現すること」とはどのようなことでしょうか。表現は、心の内側から外側に向けて何らかの形で表出させたいという欲求から起こります。乳幼児期の笑う、むずがる、泣く、怒るなどの感情の表出は、自ら表現することの萌芽です。その表出された事象を保育者が受容し応えるという相互的な交流を重ねることで子ども達は伝達するための表現方法を獲得し、さらに身体の運動機能の発達に伴い行動範囲を自ら広げ、生活の中で様々なものに触れてその感覚を味わい、表現に必要な身体感覚を豊かにしていきます。

　造形表現は、視覚・聴覚・嗅覚・味覚・触覚の5つの感覚に加え、第六感と言われるようなインスピレーション、なんとなくそう思う、感じるといった直感的な感覚も含めて総合的に知覚したものを様々な物質からなる素材を用いて形あるものに作り上げる行為です。

　制作行為は大別しますと「造形」と「工作」がありますが、両者は素材との関わり方において大きな違いがあります。「工作」は、目指す完成形があり、その目的に達するよう計画された手順に従って進める作業です。例えば折り紙を使って何かの形を作る際に、到達する具体的な完成形を手本にして決められた手順に沿って仕上げる行為は「工作」ですが、

折り方を独自に考え手本となる工程に拘らず素材と自由に関わって形を作れば、その完成に至る工程を含めた活動全体は「造形」と呼ばれます。

最新の動向

　造形表現は、ものとの関わりから生まれます。子ども達が全ての感覚を動員して得た「気づき」や「心の動き」を造形素材との関わりの中で発見し、試行錯誤しながら自らの表現活動に包有できるように、保育者は子どもの発達段階を理解して適切な素材を選び、活動を支援することが必要です。

（1）描画表現における素材への意識

　フランス西部にあるラスコーの洞窟やスペインのアルタミラ洞窟には、およそ1万5000年前の旧石器時代に描かれた絵が残っています。そこには様々な動物、人間のほか、幾何学模様などが、黒、赤、黄、褐色などの色を使って描かれています。壁画の原料は、赤土や木炭を動物の脂肪や血液・樹液などで練ったものが使われていますが、現在でもほぼ同じ原料を加工し描画材が作られ、一般的に使用されています。例えば、デッサンに用いる木炭は、柳や桑の小枝を炭に加工したものですし、天然土から採取された黄、茶、赤などの無機顔料（褐色顔料）を固めればチョーク、油脂を混ぜれば油性絵の具、樹液（アラビアゴム）や動物性ゼラチン（膠）なら水性絵の具、蜜蝋を混ぜるとクレヨンになります。

　合成化学が発達した現在では、色の素となる顔料や染料のほとんどは、化学物質を人工的に合成しており、鉄や銅、鉛などの金属を化学反応させた酸化物から得られる合成無機顔料や石油などを合成した有機顔料が使用されています。顔料は水に不溶の物質であり、体内で吸収されないため経口摂取した場合でも急性毒性は低いとされていますが、セレン、カドミウム化合物、コバルト化合物、硫化水銀などの注意を要する原料

が含まれる画材類には、全国画材協会が取り決めた統一基準による有害性表示として赤字に黒のバツ印のマークやアメリカ画材・工芸材料協会（ACMI）の評価基準による有害表示 CL マークが表示されています。その他にも可燃性表示、使用年齢の規制表示、ヘルスラベルなどの取り扱いの留意点を示したハザードマークがありますので保育者は必ず表示確認を行う必要があります。子ども達に安心して使用できる画材類の選定には、人体に対して害のない製品に付与される AP マーク（ACMI）、欧州連合の安全性能基準を満たしたことを示す CE マークの表示がある製品を選ぶとよいでしょう。

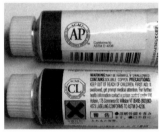
ACMI（アメリカ画材・工芸材料協会）評価基準
AP マーク：Approved Product（認証された製品）
人体に対して害のない製品）
CL マーク： Cautionary Labeling（警告ラベル）
健康障害を起こすおそれのある製品
Warnig(警告文) 対象物質と使用の際の留意事項
全国画材協会統一表示
St. Andrew' s cross（EC）：有毒性マーク

　子どもの描画表現は、個人差はありますが民族・地域の別なくほぼ同じ発達過程をたどり、発達段階によってそれぞれ特徴が見られます。物をしっかりとつかみ、肩と腕を上下左右に動かせるようになる 1 歳前後では、卓上にこぼしたミルクや食べ物を手指で広げたり捏ねたりしながらその触感や痕跡を残すことを楽しんだり、保育者が使う道具類に興味を示すなど「もの」としての関わりから描く行為は生まれてきます。描画材料を与えると腕を動かして偶然に描かれた点や線を見て表現されるものに気付き、その面白さを感じていろいろな軌跡を残そうとします。この「なぐりがき（scribble スクリブル）」は、描画行為の端緒といえます。描画材を叩くようにして点や短い線を描きますが描画表現というよりも運動感覚を楽しむ身体表現です。子ども達の探索的な関わりには、力を加えて形を「こわす」行為も含まれますので直視的に行為の軌跡が見えやすく、打刻しても支障ない全芯色鉛筆や硬筆のクレヨンが描画素材に

適しています。

　手にしたものを口に運び、舐めたり噛んだりしてものの属性を確かめる乳幼児期生後６ヶ月から２歳くらいの間は異物誤飲事故が多い時期ですから、保育者は、子ども達に与える描画材、支持体には十分配慮しましょう。特にペン類は、圧をかけなくとも描線が引けるので、１歳前後のなぐりがきを始めた乳幼児の描画材に使用されますが、ペン先を保護するキャップを知らぬ間に口に入れて誤飲する危険がありますし、揮発性有機溶剤が含まれる油性ペンもあるので注意が必要です。なぐりがき期の乳幼児にペンを与える場合は、水を溶剤として使用している水性ペンの中から、ペン先が太めのフエルト素材のものを選ぶとよいでしょう。色材も化学合成された染料ではなく、植物由来の天然染料、食紅などのフードカラーを使用し、握力の弱い乳幼児でも描きやすく安全に使用できるようにペンの形を工夫した、乳幼児用水性ペンも作られています。

　２歳から３歳では、肘を動かし手首の動きもある程度コントロールできるようになるので回転運動のなぐりがきが表れます。閉じた円を描くようになり、視覚で捉えたものを身体運動につなげ、意思を持って動きをコントロールすることができるようになると、描画素材の選択肢が身体の動きを記録する描画材から表現をするための素材へと広がっていきます。保育者は、水彩絵の具、クレヨン、オイルパステル、マーカー、ペン、鉛筆類の素材の特性を理解し、子どもたち一人一人の発達の特性と課題に応じた表現素材を提供することが大切です。

２歳児の描画活動
触感を楽しむフィンガーペインティング

２歳児の描画活動
なぐりがき期の表現

近年、各画材メーカーでは、環境と安全に配慮した商品開発を積極的に行っており、乳幼児の描画材として特化したものや企業の取り組むSDGs（Sustainable Development Goals）持続可能な開発目標 17 のうち「目標 12—つくる責任つかう責任」の観点から食品ロスの問題、未利用資源の活用、再利用などに着目し、安全に使用できる天然素材を原料とした画材類の開発が活発化しています。

　本物の野菜や果物、香辛料を原料としたクレヨンは、一般的な基本色セットには含まれない素材自体の色合いで、描くと残存する匂いが諸感覚を刺激し、物質・素材のリアリティーを体感してイメージの拡張が促されます。この身体感覚の刺激は、デジタルコンテンツからでは受動しにくい感覚であり、子ども達の造形活動から環境や食育へと横断的教育に有効な教材となり得ます。

　その他にも従来からの描画素材（絵の具類、クレヨン、オイルパステル、鉛筆類）は、エコロジーを意識し安全な原料にこだわり、自然志向に向かう傾向が見られます。その一方、幼児教育用のデジタルコンテンツ開発も盛んに行われており、幼児期からスマートフォンやタブレット PC、ゲーム機などの恒常的利用も顕著に現れています。

（2）ICT 活用に向けて

　教職課程のコアカリキュラムでは、保育内容の指導法の到達目標に「各領域の特性及び幼児との体験との関連を考慮した情報機器及び教材の活用方法を理解し、保育構想に活用することができる」ことを求めており、幼児の造形表現活動においても ICT（Information and Communication Technology）の利活用は、これから欠かすことのできない取り組みとなります。また、文部科学省、厚生労働省による保育現場における ICT 化推進事業では、保育者の業務負担の軽減や保育施設での事故防止等の体制強化を図ることを趣旨とした ICT システムの導入について提言しています。保育者がシステムを活用し書類作成や子ども達の記録管理、保

護者との連絡用など一括した端末管理による情報の共有化を行うと共に、子ども達に必要なICT教材、デジタルコンテンツを選択し、生活と遊びの中に取り入れていくことで保育環境の充実を図ることが求められています。

（3）情報化時代の造形表現

　デジタルデータをもとにしてコンピューターと接続した３Dプリンターやカッティングマシン等のデジタル工作機器によって様々な素材から成形するものづくりをデジタルファブリケーションといい、デジタル工作機器を設置した工房Fab Lab（ファブラボ）をはじめ工業、美術、教育系大学などで導入され現在、各地に広がりを見せています。

レーザー加工機

カッティングプロッター

　本学の美術室では、デジタル工作機器を活用した幼児教育と小学校での造形表現活動の接続カリキュラムについて基礎研究を行なっており、作りたいと思ったものを自ら作りたいように作る、パーソナルファブリケーションという新しいものづくりの方法を子ども達の造形活動に取り込むことの有意性に着目しています。デジタル工作機器もハサミやカッター、ノコギリと同じものづくりのための道具ですから子ども達が安全に取り扱うことができるのであれば積極的に道具として使うべきだと考えています。その検証として、画用紙に描いた絵画やタブレット端末で作成した描画データからレーザーカッター、カッティングプロッターを

用いて様々な素材に加工を施し、明確なイメージの具現化を試みています。

　ハサミやカッターを使うのが難しいのであれば、カッティングプロッターで切れば良いし、彫刻刀の代わりにレーザーカッターで板を彫ることもできます。もちろん、道具類を充実させただけでは、自由な表現はできません。保育者は、子ども達の多様な要求に応えるインクルーシブな造形表現を実現するために、ICT 環境をどのように整えていくべきか使い方を理解・試用したうえでその応用を考え、対象者達との適切なコミュニケーション下に再評価を繰り返しつつ運用法式のアップデートをしていく必要があります。

今後の学びに向けて

　2020 年、コロナ禍において ICT 活用による個別最適化の教育支援の必要性が明確になりました。すでに子ども達の生活には、リアル（現実）のとなりに VR（仮想現実）、AR（拡張現実）が存在し、日々リアルとバーチャルの世界を軽やかに往来していますし、メディアは今後も変貌し拡張するでしょう。しかし、幼児の自己表現は常に遊びと生活の中で能動的・主体的に対象と関わり、具現化したいという欲求と印象の蓄積から表出します。子どもの情操を育てるためには、手で触れて嗅いで、見て確かめられるそこに存在するものが必要なのです。

　作家であり海洋生物学者であったレイチェル・カーソン（1907-1964）は、著作『センス・オブ・ワンダー』（The Sense of Wonder）の中でこう記しています。

　　「生まれつきそなわっている子どもの「センス・オブ・ワンダー＝神秘さや不思
　　議さに目を見はる感性」をいつも新鮮にたもちつづけるためには、私たちが住ん
　　でいる世界のよろこび、感激、神秘などを子どもといっしょに再発見し、感動を
　　分かち合ってくれる大人がすくなくともひとり、そばにいる必要があります。

わたしは、子どもにとっても、どのように教育すべきか頭をなやませている親にとっても、「知る」ことは「感じる」ことの半分も重要ではないと固く信じています。

　子どもたちがであう事実のひとつひとつが、やがて知識や知恵を生みだす種子だとしたら、さまざまな情緒やゆたかな感受性は、この種子をはぐくむ肥沃な土壌です。幼い子ども時代は、この土壌を耕すときです。」

【引用・参考文献】
ホルベイン工業技術部 『絵具の科学〔改訂新版〕』中央公論美術出版、2018年
レイチェル・カーソン　上遠恵子訳『The Sense of Wonder（センス・オブ・ワンダー）』
　　　新潮社 、1996年
ローダ・ケロッグ　深田尚彦訳『児童画の発達過程−なぐり描きからピクチュアへ−』黎
　　　明書房 、1998年
ローエンフェルド　勝己勝訳『子どもの絵−両親と先生への手引』白楊社、1976年

（齋藤千明）

column ⑦　保育者の思いが強すぎた描画活動

　４歳児クラスで、動物園に行ったときの描画活動を行いました。描画活動のねらいは、子ども達が好きな動物を自分なりに表現して楽しむことでした。絵をかくことが苦手な子ども、何をかいていいか分からないという子どもがいました。そこで、動物の写真を何枚か保育室に貼り、かくときに見たい人は見る、という形にしました。子ども達は写真を見たり、友達と話したり、それぞれ描画活動を楽しんで取り組んでいました。描き終えた全員の絵を保育室に貼りました。貼った絵を遠くから見ると、多くの動物が同じポーズ、同じ色でした。みんながかけるように、と写真を貼った配慮がかえって自分なりの表現を奪ってしまったのです。本来のねらいを見失っていたことを反省しました。それ以降の描画活動は、感じたことや考えたことを自分なりに表現して楽しむことができるように子ども達の想像を大切にし、子ども達が思い出すような声掛けを意識し、活動に臨むようにしました。

（今里淳平）

第9章
楽器と演奏

概要

　幼児期の音感覚は非常に敏感であり、発達段階においてとても重要な時期です。保育の場では子ども達が楽器と関わる場面が多数見られます。

　保育の場での楽器遊び、器楽合奏など、それぞれの園における考え方や状況、そして子ども達の発達に合わせた関わりであると考えられます。

　保育園や幼稚園では器楽導入にあたっては、打楽器が一般的であり、音感覚においてはリズム感の発達が基本的な要素です。

　「楽器を触る、叩く、振る、弾くなどを通して楽器への興味を深め、演奏する楽しさを味わいながら、乳幼児期の豊かな感性を育んでいくための保育実践における楽器活用の意義や演奏方法のあり方について理解する。」という概要です。

　幼稚園教育要領では「感じたことや考えたことを自分なりに表現することを通して、豊かな感性や表現する力を養い、創造性を豊かにする」と記され、内容の取り扱いでは「身近にある自然物への気付き」「様々な素材や表現の仕方に親しむ」が加えられました。子どもの表現活動について考えると「音への活動を充分にすることで、音への興味、関心を引き出し、美しさを感じる事ができ楽器への興味に繋がる」と考えられます。

最新の動向

（1）器楽合奏のための準備について

　子ども達は実際の楽器を見ると非常に興味を示しますが、楽器を持つと音を出すことばかりに夢中になって部屋が音で溢れてしまいます。まず「音を聴く」ことや「聴く耳」をしっかり意識させることが重要です。また、決まった音の出し方を習う前に、一人一人が創造的に音の出し方を見つけることも大切になってきます。きれいな音や耳ざわりな音、どうしたら楽器が壊れてしまうのかなども学ぶことが大切になってきます。充分に楽器にふれ、音への興味を養うのが準備の段階で重要だと考えられます。

（2）打楽器について

　幼稚園教育要領に示されている「リズム楽器」とは、幅広い打楽器のうち幼児がリズム表現するのに用いる比較的簡易なものを指します。

カホン

　カホンはペルー発祥の打楽器の一種で、楽器自体に跨って演奏する箱型のものからコンガのように股に挟んで演奏されるものまで、打面が木製である打楽器全般を指します。通常ペルー式カホンを指す場合が多く、カホンはスペイン語で「箱」を意味します。基本奏法は、楽器の上に跨って、楽器の打面やその縁を素手で叩くというものです。打面の中央部を叩くとバスドラムのような低い音になり、端の方を叩くとクローズドハイハットのような鋭い音になります。打面でない面を叩くと中音域のサウンドを得ることができます。また、打面の裏にギター弦を張る仕掛けが施された楽器の端を平手で叩くとスネアドラムのような音色を出すことも可能です。座り

方は、カホンの上に直接跨り猫背になりすぎないようにします。構え方は、座った状態で前ならえをし、手のひらを下に向けそのまま自然に上の部分に両手を置きます。手のフォームは自然にリラックスした状態で、両手の4本の指の力を抜いて揃えます。基本的な奏法は3つで、ベース、タップ、スラップとあります。

大太鼓

比較的どの園にもある楽器です。叩きやすい位置にくるようにスタンドの高さを調節します。幼児用の椅子や机の上に置き、上下の動きで叩けるようにすると良いです。曲によっては打面を手で押さえながら打つ方が、余韻が長くなりすぎません。合奏の時に音量が大きすぎる場合は、ティンパニーのマレットを使用します。

小太鼓

表皮、裏皮とも平均に皮が張れるようにネジを対角線上にしっかり締めます。対角線上に締めたらネジの根もとの皮をバチで打って音を確認します。調節は幼児には無理なので指導者が行います。打面がおへその少し下あたりにくるようにスタンドの高さを調節します。スティックの持ち方は人差し指の第一関節あたりと親指で持ち、残り3本の指で支えます。裏面にあるバネ状の針金はスネアといい小太鼓のことをスネア・ドラムとも言います。スネアはレバーで鼓面につけたりはずしたりできるので、二通りの音色を生かして使うことができます。

タンバリン

　太鼓と鈴が組み合わされた特徴があります。太鼓の音を出すには良く弾ませて打ち、鈴の音が歯切れ良いリズムとなるよう、持ち方や鳴らし方が大切です。枠の全体を握るように持って、利き手で打ちます。幼児の手の大きさにふさわしくないサイズが多いので、親指を枠のうちに沿わせて枠を握りましょう。打ち方は楽器をほぼ水平に持ち、利き手の指を揃えて軽く曲げ、指の腹でヘッドを叩きます。中心に近いほど太鼓の音が生かされ、ふちに近いほど鈴の音が響きます。指先で軽く打つほか、こぶし、手のひらや体の部分に打ち付ける奏法もあります。叩いたり、振ったり、ヘッドを擦ったりして音の違いを体験します。

カスタネット

　手拍子の延長として、すぐに与えられる楽器です。ゴムの輪で縛ってあるものが大半を占めます。親指に紐で固定して使うフラメンコ用や柄がついていて振って鳴らすものなど種類が多くあります。ゴムは軽く打って鳴る弾力と、幼児の指に楽に通る輪の大きさに気をつけて、組み立て直すように心がけます。利き手ではない方の中指にゴム紐をはめ、利き手の指の腹で叩きます。全体を手で覆うようにして叩くと、こもった音が出たり、人差し指と中指を交互に（ピアノでトリルを弾くように）動かすとロール奏法ができます。

トライアングル

　鋼材の質も響きもよくなってきています。左手の人差し指に紐を通し親指と人差し指で紐を抑えます。中指・薬指・小指は本体を触らないように持ち、右手でビーターの下の方を軽く持ちます。トレモロは三角のところで左右に細かく連打

します。音量の調節のため、ビーターの太さは色々そろえます。幼児には大きくて重すぎるものもあるので注意します。3つの辺を叩いて響きの違いを比べたり、響きがある間に楽器を上下左右に動かして響きの変化を体験します。

鈴

　輪の周りに鈴や小さなベルをぐるりとつけたものや、棒状のスティックに縦に鈴が並ぶものなど種類がたくさんあります。少し動かすだけで音が鳴ってしまうので注意が必要です。鈴を持った左手の手首を右手で軽く打つことで細かいリズムを出すことができ、手首の回転でトレモロ奏法ができます。ロール奏法をしながら腕を上下に動かすと、音が大きくなったり小さくなったりするのを体験します。

ウッドブロック

　共鳴のための空洞をもつ木の楽器で、円筒形のものや箱型のものがあります。色々な大きさのものがあるので、組み合わせを考え、ビーターの硬さを変えて音色を選びます。利き手でビーターの端を軽く持ち、もう一方の手でホルダーを持ちます。この時、右側が高い音になるようにして、筒の外側の方を叩きます。

鍵盤ハーモニカ

　吹き口を唇で軽く挟み、「トゥー」と息を吹き込みながら鍵盤を押します。水抜きボタンを押しながら息でリズムをとる練習もできます。音を出しながら本体を揺するとビブラートがかかります。

ミュージックベル

鐘を上に向けて親指以外の４本でハンドルを握り、親指を立てて支えます。鐘を上に向けて中のクラッパーが鐘に当たるように振ります。前後左右に細かく連続して振ってトレモロ奏法をします。音の余韻を消したいときは、ベルを胸に押し付けたり鐘に指をあてて音を消します。鐘の部分に指を触れたまま音を出したり（スタッカート奏法）離して音を出したりして響の違いを体験します。

（3）器楽合奏指導の展開について

子どもたちと楽しめる６種類のリズムパターンを練習します。

下向き音符を足で　上向き音符を両手で

ドンタンドンタン　　ドドタンドドタン　　ドードドン　カン　　ウンタンウンタン

ドン　タン　タン　　ドンドンドンタン　　ドドードドンタン

今後の学びに向けて

合奏指導の進め方

１.メロディーを歌って覚える。ピアノでメロディーを弾いて歌い、歌詞があれば次に歌詞をつけて歌います。拍子に合わせて指揮をするのも良いです。４・５歳児には最終的に「ド・レ・ミ」の階名唱で歌います。

２．基本のリズムパターンを手と足で打ちます。前述した基本リズムパターンを全員が体験します。リズムを打ちながら、曲の構成を子ども達と確認します。

３．楽器に慣れたら、楽器を持って実際に打ってみます。4・5歳児には何種類かの楽器で打ち、交代します。色々な楽器に慣れるために楽器を交代して全員が全部の楽器に触れます。4・5歳児は音程のある楽器も体験します。（鉄琴・木琴・鍵盤ハーモニカ）

４．楽器を十分に体験できたら、やりたい楽器を決めます。できるだけ子どもの自主性を尊重して決め、人気のない楽器（鍵盤ハーモニカ等）は興味が持てるような特徴を説明します。メロディーがわかりやすいなどと言葉かけをするのも重要です。

５．曲をいくつかに区切って、少しずつ範囲を広げながら部分練習を取り入れます。一気に合わせるのは難しいので、パート別でゆっくりと練習していきます。

６．全体練習は並ぶ場所にも工夫をして、気になるところはその都度言葉かけをし、良いところは必ず褒めて子ども達の自信につなげます。部屋の広さによって違いはありますが、子ども達の顔がきちんと見えて重ならないように注意します。

７．仕上げは、テンポや強弱などもしっかり話し合っておきます。全員で何度も合わせた後の仕上げは、テンポや表現についても話し合っておくと全員の意識が高まりまとまります。

演奏方法や演奏表現は、スマートフォンやタブレットでグループ発表を録画しプレジェクターで映して確認します。自分の演奏方法、演奏表現等を瞬時に確認して次のステップへとつなげます。

楽器を通して音遊びの面白さに気づいたり、音楽作りで子ども達が使うことのできる音楽の仕組みに気づく理解の過程が重要です。

子ども達がリズムの音楽を作る時は、一人があるリズムパターンを演奏したらそれを同じリズムで返す場合（反復、問いと答え）や違うリズ

ム（問いと答え）で返す場合もあります。重要なのは、どんな考えで音楽作りをしようかと意図することです。カホンや打楽器の基本奏法や音色をしっかりマスターして、自由に音楽を形づくっているリズム要素を表現できるようになることが大切です。

　器楽合奏の導入で大切なのが「音を聴く」、「聴く耳」です。これができるようになると、子ども達の音の出し方や楽器の扱い方が変わります。楽器活動を魅力的なものにするために、その活動をスムーズに行うことができるように「聴く」ことが重要です。

　遊びながらすぐにできる合奏の導入は、歌詞のある曲を全員が覚えるまで歌って覚えておくと、活動がスムーズに進行します。集中して楽器を鳴らす活動の前には、楽器を鳴らす練習を十分にして「音を出したい気持ち」を満たしておきます。音を出しそびれている子がいないか、楽器を鳴らすタイミングの指示をしっかり出します。

　合奏を通して子どもの中で育っていくものがあります。楽器に触れ親しみを持ち、年少、年中、年長と大きくなるにつれ新しい楽器に挑戦するのも良い体験です。クラスの皆と気持ちを合わせ、ハーモニー、リズム、メロディーを合わせ、演奏する喜びを味わいます。ハーモニーを感じ、フレーズ感、拍子感という音楽の基礎能力を身に付けます。自分が参加して、皆と一緒に「喜び」「達成感」「満足感」を分かち合うことができます。ひとつの楽器が欠けても曲が仕上がらないことを丁寧に話し、皆で作りあげていく大切さを伝えましょう。これは幼稚園教育要領、保育所保育指針の「協同性の育ち」への活動内容でもあります。

【引用・参考文献】
　赤羽美希『たのしい楽器あそびと合奏の本』ヤマハミュージックメディア、2017年
　安藤真裕子・泉まりこ編曲『2〜5歳のやさしい・楽しい器楽合奏集』ナツメ社、2011年

（今田政成）

column ❽　思い思いの手作り楽器で演奏

　地域のお年寄りを招待した交流会で、オカリナサークルによる演奏会がありました。10名の奏者の奏でる柔らかなハーモニーに子ども達も耳を傾け、オカリナという楽器を初めて見る子もいました。土からできていること、大きさ、音色の違い等の説明に興味を持ち、それがきっかけで手作り楽器を作ることになりました。身近にある廃品を集めることから始まり、その廃品を鳴らし「こんな音が出たよ」と聞き比べたり、どんな音になるか試したりしながら様々な音を発見していきました。ペットボトルの中にどんぐりを入れたマラカス、大きさの違う空き缶でドラム、ラップの芯で木琴など、思い思いの手作り楽器ができあがりました。次回の交流会ではその楽器でお年寄りと共に「おもちゃのチャチャチャ」の合奏を楽しみました。豊かな発想は様々なものを見たり、聞いたり、体験したりすることが積み重なった中から生まれます。一人一人の探求心を大切に見守ることが必要です。

（町田加代美）

第10章
子どもの生活と遊び（身体表現）

概要

　竹内（1979）は、「表現」という概念を「表出」と「再現」という二つの概念から捉えています。「表出」とは情感されたものの意図的な発露を意味しますが、乳幼児の場合には無意図的な感情の発露も含んで捉えていかなければなりません。乳児期でも、喜び、驚き、恐怖、苦痛など様々な形態の表情を表出しますし、子どもがうれしさのあまり跳びはねるといったことは日常的に行われる活動であり、それが意図的に行われるものではないとしても、後の表現活動の基礎として大切に育んでいかなければなりません。一方、「再現」とは元となる心象（イメージ）を何らかの手段で他者に伝えようとする意図的で創造的な行為です。ギリシャ哲学では「ミーメーシス」と言われ、芸術の本質的契機とされています。子ども達が日々の生活の中で感じたことを自分なりに表情や身振り、言葉、音などで伝えようとする行為は、芸術と呼ぶにはあまりにも未熟ですが「再現」と呼べるものです。例えば、ごっこ遊びでお母さん役になりきる子どもは、頭の中でお母さんのイメージを想像し、それを再現しています。音楽とダンスは最も古い芸術と言われますが、原始の時代から人間が創りあげてきたリズムを、原始の時代から人間が創りあげてきたステップで再現することはさらに高度な模倣活動と言えるでしょう。「表出」も「再現」もどちらも、子どもの表現活動として大切にしていかなければなりません。

　本章では、以上のことを踏まえた上で、「身体表現」という言葉を「身

体を介した表出活動と再現活動」と定義します。なお、子どもにとって
これらの活動は「遊び」でなければなりません。「遊び」とは、外発的な
報酬を必要とせず、行っているそのこと自体が楽しいから行うといった、
「内発的動機付け」を本質とする自発的・自律的・自己充足的な活動です。
身体表現活動を遊びとして展開するにあたり、保育者は内発的動機付け
としての楽しさをもたらすような工夫をする必要があると考えます。

最新の動向

（1）小学校低学年における「表現リズム遊び」とのかかわり

　小学校学習指導要領体育科第1学年及び第2学年において、「F：表
現リズム遊び」の中で「ア：表現遊び　イ：リズム遊び」が位置付けられ
ています。表現遊びでは、自分以外のものになりきる、自分の思いつく
ままに自由に動くことができる、リズム遊びでは、軽快なリズムにのっ
て踊ったりして楽しむことができる、という能力を育むねらいがありま
す。単元の題材は、児童にとって身近で特徴のある動きを多く含む動物
や乗り物を採りあげ、単元は「表現遊び」と「リズム遊び」を毎時間組
み合わせて、低学年の特性が活きるように工夫されています。幼児期の
終わりまでに、小学校体育低学年の表現内容にスムーズに移行できるよ
うな教育がなされることが望ましいと考えられます。

（2）身体表現遊びの具体例：表現遊び

　筆者が行った活動「ヒーローは誰だ」では、体操場のウレタンマット
を立てかけ怪獣に見立てました。雰囲気を出すために画用紙で「悪い」
感じの目を作り、怪獣の目としてマットに貼り付けました。5色のカラフ
ルなゴミ袋のマントを羽織った子どもたちが、その怪獣を倒そうとお手
玉を勢いよく投げつけます。みんなヒーローになりきって、保育者が何

も言わないのに5人での連係プレイを考え出してマットにお手玉を投げ始めたりします。保育者が両サイドからおさえて持っていたウレタンマットの怪獣が後ろに倒れると、子ども達から大きな歓声があがりました。「ヒーローはシュワッと高く跳べないとね」と言うと、ステージからジャンプして下のマットに跳び下りる訓練を始め、「うまく着地できたらかっこいいポーズを決めてね」と言うと、子ども達は自分で考えた様々なポーズを披露してくれます。「ヒーローはかっこよくビューンと走れる」と言うと、コーンからコーンへ大きく手を振って走り、「危険な場所にもひるまないよね」と言うと、四角のブロックの上や斜めにした平均台を慎重に渡っていきます。「ヒーローは優しい心も持ってるんじゃない?」と言うと、倒れたウレタンマットの怪獣にやさしい言葉をかけながら、最後のお片付けをみんなでしました。

　この遊びは子ども達にとても人気があり、保育者が見守る中、夢中で何度も飽きずに遊びます。遊びの本質である内発的動機付けを刺激するごっこ遊びなのだと感じています。また、保育者の環境設定の工夫次第で、幼児期に習得させたい動きのバリエーションをいくらでも広げられるという利点もあります。「幼児期運動指針」では、基本的な動き(体のバランスをとる動き・体を移動する動き・用具などを操作する動き)の習得を提唱しています。この「ヒーローは誰だ」は、子どもの表現力を養うごっこ遊びの要素を持つとともに基本的な運動能力の習得も可能にしています。

　もう一つ、「動物当てっこクイズジャングル探検」も人気の模倣遊びです。クラスの子どもの半分をジャングルの動物に、半分をジャングルに来た探検家に分けます。部屋は大型ブロックなどで仕切りを作って、ジャングルの通り道や動物の住処に見立てます。動物の住処に行くと動物役の子どもが動物の様子を再現します。探検家役の子どもは、その動物の名前を当てることができたら子ども達が作った動物メダルをもらえます。単に「動物の△△になってみましょう」と言うよりも、動物の名前を当

てるという「クイズ」にすることで、「当ててもらいたい」動物役の子どもの表現への意欲が高まりますし、「当てたい」探検家役の子どもの、動物役の友達が表現しているものをよく観察しようとする意欲も高まります。動物の名前を当てるだけでなく、「○○しているワニ」のように、その動物が何をしているのかを当てさせるようにすると、動物役の子どもの動きは「お風呂に入っているヘビ」「ご飯を食べているゴリラ」といったように変化していきます。動物の住処に1匹で住んでいる場合もあれば、2匹で住んでいる場合も設定します。2匹ならば「○○している」の部分はさらに多様なものになっていきます。

　保育者のアイディアと工夫次第で環境設定が変わることで遊びにバリエーションができ、子ども達は飽きることがありません。ジャングルのあちこちにはお手玉やボールが転がり、コーンにつないだ縄が張られており、それらに触れると「爆発する危険がある」と言えば、お手玉やボールをよけながら歩き、縄をまたぎ越したりくぐったりしながら進みます。保育者が「地震だ」と言いながらボールを転がしたりすると慎重に止まる子どももいれば、急いで進む子どももいます。この模倣遊びも、見立てやごっこの表現を楽しむと同時に、基本的な様々な動きが習得できるようになっています。

（3）身体表現遊びの具体例：リズム遊び

　現代の子ども達の周りには、テレビを始めとした様々なメディアから流れる音楽やダンスの映像があふれています。アニメの曲はどんなときにも人気です。三代目 J Soul Brothers from EXILE TRIBE の『R.Y.U.S.E.I.』で子ども達はランニングマンというとても難しいステップを踏めるようになりました。『パプリカ』や NiziU の縄跳びダンスは、たくさんの子ども達が踊りたがるという現象も起きました。これらの潮流は、子ども達のダンスに対する考え方やリズム感覚にも変化を与えています。こうした音楽の力を借りて、保育者の真似をしながらリズムを再

現することから始まり、慣れてきたら曲のリズムに合わせて身体の動き
をコントロールできる段階へ深めることができれば、心地よいリズムに
のって身体を動かす快感を味わうことができるでしょう。

　筆者が行う実践では、**図表 10-1** に示したステップを年齢に合わせて子
ども達に教えます。また、「ユニゾン（全員が同じ動きを同じタイミングで
行うこと）」「シンメトリー（対称の動きをすること）」「カノン（全員が同じ
動きをタイミングをずらして行うこと）」などの構成の工夫は作品を華やか
にしてくれます。最初のうちは保育者が考えた動きを教えますが、「この
部分はみんなで動きを考えよう」と言うと、子ども達は積極的に動きを
考えたり友達と相談を始めたりします。自分達で協力し合って作った動
きに愛着をもって楽しそうに踊る姿からは、表現力とともに社会性が育
まれていることが看取できます。繰り返し練習をすることで動きの定着
をはかり、生活発表会や運動会で発表することで、さらに深まりのある
身体表現活動にすることができるでしょう。

図表 10-1　ダンス作品に用いたステップ

マーチ	歩く
ジョグ	駆ける
ジャンプ	跳ぶ
ステップタッチ	右に右足を出して、左足を右足に揃える
ヒールタッチ	踵を床にタッチして戻す
トウタッチ	つま先を床にタッチして戻す
クロスターン	足をクロスしてターンする
スキップ	片足で2歩ずつ交互に軽く跳ねながら進む
ギャロップ	出した前足に後ろ足を寄せながら進む

筆者作成

今後の学びに向けて

（1）威光

　学習者が指導者の技法の有効性を認識することによって触発される
模倣を、M. モース（1872-1950）は「威光模倣」と呼んでいます。"あの
人のようになりたい"と、服装や髪型、言葉遣いなどを真似たことがあ
るのではないでしょうか。模倣の対象が自分にとって威光を放つ輝くよ
うに素敵なものであることが、子ど達に身体表現遊びへの動機付けをも
たらします。風に舞う木の葉をクルクルと軽快な動きで表現し、ユーモ
ラスにサルの動きをして子ども達に笑顔をもたらし、ウサギの動きで耳
をぴんと立てた元気な動きからしょげた様子も表現できる引き出しをた
くさん持っていて、子どもが大好きな曲で"かっこよく"ダンスを踊る
保育者は、自ずと子ども達を身体表現遊びへと導いていくことでしょう。
子ども達に積極的に身体表現遊びをさせたいと思うのであれば、保育者
自身が子ども達に憧れをもたらす魅力的な表現者でなければなりません。
そのためには、保育者自身が健康で運動に対して愛好的態度を持ち、豊
かな感性と表現力を備える必要があるでしょう。

（2）受容的な態度と環境設定

　「保育所保育指針」などに書かれているように、指導の際には、保育者
が幼児の「表現を受容し、幼児自身の表現しようとする意欲を受け止めて、
幼児が生活の中で幼児らしい様々な表現を楽しむことができるようにす
ること」が必要です。また、「幼稚園教育要領」「保育所保育指針」「幼保
連携型認定こども園教育・保育要領」すべてに共通して書き加えられた
「風の音や雨の音、身近にある草や花の形や色など自然の中にある音、形、
色などに気付くようにすること」という文言からは、日常の生活の中で
自然の変化に対する感覚的な経験を積ませること、そして、その過程の

中で感受したことを、子ども達が自発的に表現しようとすることを重要視したい意図が読み取れます。子ども達は保育者が用意してくれる環境（自然体験、音楽、読み聞かせ、造形活動など）の中で、頭の中に様々な心象（イメージ）を描いていきます。このようなことから、保育者が身体表現遊びを指導していくにあたっては、子どもの身体表現が未分化で未熟であっても、それを保育者があたたかく受容する雰囲気を作れるとともに、保育活動の中に子どもの感受性を育むような環境を用意できる、といった素養が必要とされるでしょう。

（3）言葉かけ

　子ども達が身体表現遊びを楽しんでいる姿を見守るという受容的な雰囲気の中で、更に子ども達の身体表現遊びを深化させていくためには、保育者の言葉による働きかけも必要です。ルドルフ・ラバン（1879-1958）は、速い、遅い、柔らかい、強いなどの動きの質は４つの要素（速度・重さ・方向性・フロー）から構成されているとしています。身体表現に限らず、スポーツや運動指導では、こうした動きの時空間的要素や力感を示す言葉として「オノマトペ（擬態語・擬音語・擬声語）」が用いられる場面が多々あります。例えば、「ボールはビュン！と投げてみよう」、「ギャロップはぱっかぱっかのリズムだよ」といった、より望ましい運動の形態へと矯正する言語的フィードバックの言葉かけです。身体表現遊びの場合には、スポーツや運動指導のように動きを矯正するためではなく、身体表現の動きの質を変化させたり、高めたり、深めるためにオノマトペを用います。「身体表現遊びの具体例」で紹介した「ヒーローは誰だ」「動物当てっこクイズジャングル探検」では、このようなオノマトペを用いることで子ども達の表現に変化を持たせることができたと感じています。その中からいくつかのオノマトペを**図表 10-2** にまとめました。

　子ども達の身体表現遊びを深化させるために、オノマトペを豊富に持っていることは重要な素養です。こうした言葉かけができるようになるた

図表 10-2　動物当てっこクイズジャングル探検で用いたオノマトペ

自然の様子	太陽	ぎらぎら・さんさん・かっかっ・じりじり・ぽかぽか・とっぷり
	雨・雷	ざんざん・どしゃどしゃ・しとしと・ごーっ・ごろごろ・だだーん
	風	ごーっ・わさわさ・ぷぉーっ・ぴゅー・はたはた・ひゅるるん
	流れる・波立つ	ごーっ・さらさら・どぼどぼ・ぶくぶく・がぼがぼ・ざばっ・ざぶん
	土・岩肌	ごつごつ・さくさく・じゃりじゃり・ざくっ・ずぶずぶ・こんもり
動物の様子	歩く・走る	たたーっ・ちょこちょこ・のしのし・ひょこひょこ・よちよち
	眠る	ぐーすか・すやすや・こっくりこっくり・ばたんきゅー・こてっ
	食べる	がぶり・がりり・こりっ・むしゃむしゃ・もぐもぐ・わしわし
	元気がない	がっくり・くよくよ・しょぼん・すごすご・へなへな・しんみり
	笑う	げらげら・にっこり・うふふ・きゃはは・にこにこ・にやり

筆者作成

めには、保育者自身がその運動を十分に体験し、運動構造を熟知している必要があります。身体表現はもちろんのこと、様々な運動の経験を豊富に持っていることは、保育者としてとても重要な素養であるといえるでしょう。

　身体表現遊びの基本的な考え方と身体表現遊びの具体的な内容を示した上で、保育者に求められる素養について述べてきました。本章では触れることができませんでしたが、「乳幼児の心身の発達」や「心身の発達に伴う遊びの発展」などについても十分に理解しておかなければなりません。身体表現遊びを導いていくには、子どもの育ちと教育についての両面から総合的に学ぶ必要があることを心得ておきましょう。

【引用・参考文献】
　竹内敏雄『美学総論』弘文堂、1979年
　M.モース　有地亨・伊藤昌司・山口俊夫訳『社会学と人類Ⅰ』弘文堂、1973年
　ルドルフ・ラバン　神沢和夫訳『身体運動の習得』白水社、1985年

（内山須美子）

PART2

保育内容の

展開

第11章

保育内容特論（1）

概要

　私達が生活している地域には様々な人達が暮らしています。みなさんの住んでいる地域には、どのような人達がいますか。一人として同じ人はいませんし、同じ家族や家庭もありません。老若男女、外国人、また地域の中には福祉の対象となる障がいのある人、貧困の人まで暮らしています。

　保育所保育指針では幼児期の終わりまでに育ってほしい姿の「社会生活との関わり」の中で、「家族を大切にしようとする気持ちをもつとともに、地域の身近な人と触れ合う中で、人との様々な関わり方に気付き、相手の気持ちを考えて関わり、自分が役に立つ喜びを感じ、地域に親しみをもつようになる。また、保育所内外の様々な環境に関わる中で、遊びや生活に必要な情報を取り入れ、情報に基づき判断したり、情報を伝え合ったり、活用したりするなど、情報を役立てながら活動するようになるとともに、公共の施設を大切に利用するなどして、社会とのつながりなどを意識するようになる。」とあります。また、幼稚園教育要領では総則の中に「幼児の生活は、家庭を基盤として地域社会を通じて次第に広がりをもつものであることに留意し、家庭との連携を十分に図るなど、幼稚園における生活が家庭や地域社会と連続性を保ちつつ展開されるようにするものとする。その際、地域の自然、高齢者や異年齢の子どもなどを含む人材、行事や公共施設などの地域の資源を積極的に活用し、幼児が豊かな生活体験を得られるように工夫するものとする。」と書かれて

います。

　どちらも地域社会とのつながりの重要性について言及しています。生活の中では多様な他者と出会ったり様々な経験をしたりすることで、子どもの世界は広がっていきます。

　子ども達はそんな様々な人達が暮らす地域社会の中で生活し、成長していきます。保育施設は地域の中にある社会資源の一つです。保育施設は、地域の人達と関わりを持ちながら地域社会とつながりその役割を果たしています。地域の社会資源の一つとして、地域社会の中にある保育施設には、このように多種多様な人々が暮らしている地域社会とつながりを持ちながら、そこで暮らす人々を理解していく必要があるのです。保育施設で働く専門職（保育者）はもちろんのこと、それを利用している家庭（保護者や子ども）にも必要なことでしょう。それが地域の中で生きていくことにつながっていくのです。

　地域の中で様々な人達が生活していること、これを子どもに伝え、子どもが理解していくことも必要であり、その役割も保育施設にはあると考えます。本章では、地域社会の中で暮らす様々な人達の一部分を紹介し、その現状とつながりを持つための方法について見ていきましょう。

最新の動向

（1）多文化の人達

　まずは外国につながりのある人を中心とした多文化の人達です。外国とつながりのある人は年々増加しています。「外国につながりのある人」とは、外国からの労働者や国際結婚などによって、両親あるいはどちらかの親が外国人である子どもなど実に様々であり、外国に関連している人を指しています。現在、日本には 282 万 9,416 人の外国人が暮らしています。10 年前と比べると約 70 万人近く増えています。外国人の出身国

は195か国もあり、多いのは、中国、韓国、ベトナム、フィリピン、ブラジル、ネパール、台湾、インドネシア、米国、タイなどです。

　日本保育協会の調査によると2008年の時点で、約半数の自治体で保育施設に外国人児童が入所していることがわかっています。また文部科学省の調査（2016年度）では、日本語指導の必要な子どもは4.3万人（うち小学生約2.7万人）で、10年前の1.6倍になり、就学前からの支援が課題になっていることが明らかになっています。外国につながりのある人の増加に伴って、外国につながりのある子どもも増加しています。今後も保育施設や学校での対応がますます求められてくるでしょう。

　もう少し身近な地域である、栃木県内の状況はどうでしょうか。栃木県内の「外国人児童生徒数とその割合」（**図表11-2**）を見てみると、外

図表 11-1　外国人児童生徒数とその割合

区 分			平成23年度	24	25	26	27	28	29	30	令和元	2
小学校	外国人児童数	人	838	810	836	866	901	962	1,035	1,068	1,114	1,123
	児童総数に占める割合	%	0.75	0.74	0.77	0.81	0.86	0.93	1.01	1.06	1.12	1.16
中学校	外国人生徒数	人	447	425	452	442	431	435	449	480	490	512
	生徒総数に占める割合	%	0.79	0.76	0.81	0.79	0.77	0.79	0.83	0.91	0.94	0.99

出典：文部科学省

図表 11-2　小学校の外国人児童数と児童総数に占める割合

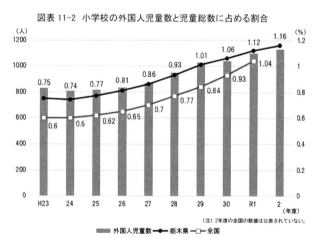

（注）2年度の全国の数値は公表されていない。

外国人児童数　●—栃木県　—□—全国

出典：栃木県令和2年度学校基本統計

国人児童数はその割合は年々増加しています。国別で見ると、ペルーやブラジル、フィリピン、中国や台湾、韓国などが多くなっています。

　2019年には「出入国管理及び難民認定法」が改正され、新たな外国人受け入れ制度が始まったことからも、今後さらに外国人の子どもや外国につながりのある子どもが増えていくことが推測されます。地域の中でも、保育施設の中でも、多様な背景を持つ子どもと家族への支援の充実がさらに求められていくでしょう。

　外国につながりのある子どもは、外国で生まれ育ちしばらくして来日した子どもや国際結婚によって外国人と日本人の間に生まれた子ども、外国人の両親の間に日本で生まれた子ども、両親もしくはどちらかが現在もしくは過去に外国籍であった子どもなどがいます。外国につながりのある子どもの一人ひとりの状況は言語的・文化的背景も多種多様です。さらには来日の時期や、就園経験の有無、宗教や家庭の方針なども異なります。

　自治体はこの状況に対して、多言語での情報提供など工夫して対応しています。また文部科学省では「かすたねっと」という情報検索サイトを開設し、外国につながりのある児童・生徒の学習を支援しています。

　保育施設では、このような多文化な人達の増加に対して、子ども達に多文化に触れる機会を提供しながら、地域には様々な文化を持つ人々がいることを伝え、理解につなげる工夫が考えられます。例えば食育として他国の料理を給食として提供する、他国の伝統的な制作をしてみる、地域で生活している他国の人たちと交流の場を設ける、といった方法などです。日本の伝統文化を行事に取り入れることと同様に、他国についても子ども達が学び、理解する機会の提供は今後の社会において必要になっていくでしょう。

（2）障がいのある人達

　街中や公共交通機関で、障がいのある人を見かけたことはありません

か。障がいのある人の生活場所は、施設の中から地域の中へと変わって
きています。私達が暮らす地域社会の中にも、たくさんの障がいのある
人が生活しています。

　そもそも日本には障がいのある人がどのくらいいるのでしょうか。厚
生労働省による「生活のしづらさなどに関する調査」、「社会福祉施設等
調査」、「患者調査」等に基づき推計された概数は、身体障がい者436万人、
知的障がい者108万2千人、精神障がい者419万3千人となっています。
複数の障がいを併せ持つ人もいるため、単純な合計とはならないものの、
日本国民のおよそ7.6%が何らかの障がいを有していることになります。

　では、地域の中で生活している障がいのある人はどのくらいいるので
しょうか。身体障がいがあり施設入所者の割合は1.7%、精神障がいがあ
り入院患者の割合7.2%、知的障がい者があり施設入所者の割合は11.1%
となっています。つまり、多くの障がいのある人が施設ではなく地域の
中で生活しているということです。また、在宅で生活する障がい児は、「身
体障害者手帳」の所持数は約7万8千人、「療育手帳」の所持数は約25
万7千人、「精神保健福祉手帳」の所持数は約1万8千人となっています。
在宅に限定すると日本人の18歳未満人口のおよそ1%の児童が何らかの
障がいがあり、手帳を取得していることがわかります。

　保育所等における障がいのある子どもの受入れは年々増加していて、
保育所等における支援の一層の充実が求められているところです。平成
28年度子ども・子育て支援推進調査研究事業により作成された「障害児
保育に関する調査研究報告書」によると、近年、小学校における障がい
児を対象とする特別支援学級、通級指導教室に在籍する子どもの数は年々
増加しており、そうした中で保護者の子育てと仕事の両立の希望の高ま
りを背景に、より低年齢の子どもを預かる保育所においても、いわゆる「気
になる子」、障がいのある子ども、常時医療的ケアを必要とする子どもの
保育ニーズも伸びていると考えられるとあります。

　また同調査では、障害児保育を実施している市区町村の8割弱は、障

害児保育の実施にあたり、他機関・団体と情報共有の枠を超えた連携をしており、その多くが市町村保健センターや庁内の障害担当部署と連携しているという結果が出ています。障がいのある子どもは地域の中で発達支援センターや放課後等デイサービス事業、特別支援学校などを利用しています。障がいのある人は主に地域にある障害者支援施設で日中サービスを利用しています。

　障がいのある子どもは保育施設を利用していることも多く、子ども達は「友達」として障がいのある子どもと関わる機会があります。そうした「友達」をより理解できる機会があるといいでしょう。しかしながら障がいのある人と関わる機会はほとんどないとも言えます。

　保育施設を利用している子ども達が、障がいのある子どもや障がいのある人達との交流の場を持ち、地域に障がいのある人や子どもが生活しているということを理解してもらえる場があるといいでしょう。

　子どもが理解する方法として、当事者と関わることが最も早いですが、子ども向けに障がいについて取り上げた絵本なども多数あります。年齢や子どもに応じた形で伝えることも大切です。

（3）その他地域で暮らしているさまざまな人達

　地域社会の中で増えているのは高齢者です。現在の日本の高齢化率は28.7％（2020年）となり、約4人に1人が高齢者です。高齢者の多くは地域で生活していますが、ひとり暮らしの高齢者が増加しており、これが地域で暮らす高齢者の特徴となっています。

　高齢者と子どもの交流については、同じ法人が施設を経営しているというケースも多くみられます。イベントなどを通して交流するケースがあります。

　地域の中で暮らす人たちを理解するためには、そういった人達について知る機会を設けることが必要です。知る方法としては絵本などがあります。また地域の人達とつながる機会を設けることが大切です。

子どもは、初めての集団生活の場である保育施設での生活を通して、他の子どもや保育者、保護者などいろいろな人と親しみをもって関わるようになります。その中で、家族を大切にしようとする気持ちをもつとともに、小中学生、高齢者や働く人々など地域の身近な人と触れ合う体験を重ねていきます。保育所保育指針解説では、こうした体験を重ねる中で人との関わり方に気付き、相手の気持ちを考えて関わり、自分が役に立つ喜びを感じ、地域に親しみをもつようになるとあります。また、地域の公共の施設など訪れることで、その場所や状況に応じた行動をとりながら大切に利用することなどを通して、社会とのつながりなどを意識するようにもなっていくともあります。地域の行事や様々な文化に触れることを楽しんで興味や関心を深めることは、地域への親しみや地域の中での学びの場を広げていくことにつながっていきます。

今後の学びに向けて

　コミュニティワークとは、地域住民がその地域の生活上に生ずるさまざまな問題に主体的・組織的に取り組むとともに、問題解決に必要な資源の調達やそのネットワークを図ることを援助する社会福祉の方法です。コミュニティは地域に住む人達のつながりによってつくられるものです。子どもたちが、これから自分達が生活していく地域について、地域の中で暮らす人達について理解することはまさにコミュニティワークです。

　地域社会の人を理解するためには、まずは「つながり」をつくることが重要です。現代社会では家庭と地域とのつながりの希薄さが指摘されています。現代社会は、4人に1人は隣に住んでいる人の顔も知らず、何かあったとき、近くに頼れる人がいない、2割近くが両親、兄弟姉妹がいないといった社会です。約半数の人が、現代は「無縁社会」だと感じているような人と人とのつながりが希薄な社会です。家庭が地域社会

とのつながりをつくるのが難しい状況の中、保育施設は家庭の代替的役割を担う施設として、地域社会とつながりをつくることが求められています。保育施設は地域の社会資源の一つですから、地域社会の中で関係機関や人と連携しつながりを持つことは当然求められていることでもあります。

　地域社会とのつながりとは、そこで暮らす人達とのつながりも含まれます。地域社会にはこれまで紹介したような人達のみならず、本当に多種多様な人々が暮らしています。人は一人ひとり違うということ、これを幼少期から育むことで、多様性が理解できるようになると考えます。

　学生時代には様々な場所で多くの人と関わり、多様性の理解につなげましょう。自分について知り、様々な価値観があることを理解し、人は一人ひとり違うということを改めて感じてほしいと思います。

【引用・参考文献】
　鬼頭弥生「ルーツの異なる子ども同士の関わり方について－保育士の抱える葛藤に焦点をあてて－」東海学院大学短期大学部紀要第46号、2020年
　山田千愛他「子どもと保育者はどのように地域の身近な人と関わっているか―保育所の地域環境による違い―」植草学園大学研究紀要第12巻、2020年
　田口鉄久「子どもの育ちを促し、地域の連帯を高める保育実践」鈴鹿大学・鈴鹿大学短期大学部紀要人文科学・社会科学編第3号、2020年
　坪井真「日本における地域を基盤とした保育ソーシャルワークの特性分析(2)」作大論集 第7号、2017年
　三山岳他「子ども福祉における多文化共生の今－療育・保育現場からの報告―」生涯発達研究第12号、2019年

（佐藤ちひろ）

第12章
保育内容特論（2）

概要

（1）保育内容総論と保育内容特論の関係

　保育所や幼稚園、幼保連携型認定こども園等の保育の現場と呼ばれる場で取り組まれている子どもの育ちを支える活動を一般に保育と言います。保育という営みは保育所保育指針、幼稚園教育要領、幼保連携型認定こども園教育・保育要領といった告示で示されている「保育内容」によって、どのような活動をしたらよいのか、ということが定められています。細かく定められている訳ではなく、大まかな方向性として示され、地域の特色に応じた具体的な活動は、それぞれの保育現場で働く保育者が相談をしながら決めています。

　こうした「保育内容」をどのように考えるのか、5領域のそれぞれでどのような取り組みをするのか、どのようにつながり合うのかを考えるのが「保育内容総論」という科目です。子どもの発達する姿を縦糸とすれば、5領域の知識が横糸になり、縦糸と横糸が織り成されて「保育」という布が織り上がる訳です。どのように織られているのかを学ぶのが「保育内容総論」という科目と考えられます。

　それに対して、「保育内容特論」は「特論」というだけあって、「保育内容」の特定のトピックに焦点を当てて取り上げます。それぞれの保育現場で行われる具体的な保育活動がより充実する助けとなるような考え方や知識・技能を提供することを目的にしています。「保育内容特論」は、それぞれの場所で営まれる独自の保育（布）を特徴づける様々な工夫の基礎・

基本となる考え方や知識を学ぶ科目、と言えるかも知れません。

（2）「保育内容特論」で取り扱う話題

　「保育内容特論」が本学の保育者養成課程（保育士養成課程や幼稚園教諭の教職課程の総称）に置かれた理由の一つとして、「援助」という観点から保育内容を実践できる知識と技能を学生に持ってもらいたい、という考えがあります。

　質の高い保育とは何ぞや？質の高い保育とは如何に成り立たせるものや？等の問いを考え続けていく中で、「子ども第一主義」とか「受容的・応答的な対応」という言葉が考えを深めるキーワードになりました。「子ども第一主義」とか「受容的・応答的な対応」を実現させる考え方が「援助」という関わり方になります。そこまで考えが至った時に『「指導」という言葉が持つ語感によって、就学前の子どもとの関わり方の基本が受容的・応答的な対応に基づいた「援助」であることが忘れられている可能性がある』と考えるようになりました。

　保育士資格は大きく2つの系統の資格・免許のいずれかと同時取得を目指すことができます。個人的な感想になりますが、組み合わされる資格・免許よって、そこで学ぶ学生の気質や雰囲気が少々異なるように感じています。

　保育士資格とペアになることができる資格・免許には、社会福祉士指定科目履修（福祉）と幼稚園教諭一種・二種（教育）があります。前者の学生は、落ち着いた雰囲気で「…できるために」という言葉がよく使われるのに対し、後者の場合、華やかな雰囲気で「…してあげる」という言葉がよく使われるように感じています。

　程度の問題を含むのではあるでしょうし、乱暴な対比ですが、前者の表現は福祉的発想からのものであり、後者の表現は教育的発想に由来していると受け止めています。

　現在、幼保連携型認定こども園の増加による保育教諭（保育士と幼稚園

教諭の両方の資格・免許を持つ必要がある）の需要の増加によって、保育士養成においては保育士資格と幼稚園教諭とを同時取得することが主流になりました。そういう状況にあるからこそ、「子ども第一主義」や「受容的・応答的な対応」について、福祉的発想に基づいた保育内容の理解と具体的な活動の組み立てを学ぶ必要があると考え、その枠組みが「保育内容特論」と考えたわけです。

最新の動向

(1) 専門的助言を保育に落とし込む際の「翻訳」について

　2020 年は、新型コロナウイルスの感染拡大防止のために、保育の現場へ伺うことが全くできませんでしたが、その前年である 2019 年には某市立保育所 10 カ所を訪問して保育の様子を見学し、多くの保育士から日々の保育の在り方についての相談を頂きました。多くは、診断名の有無に関係なく、発達の様子が気にかかる子どもをどう理解すればよいのか？また、そのような子どもが園での具体的な生活や遊びで上手くいかない時に、どのように、どの程度、関与すればよいのか？そして、様々に頂戴した助言を保育にどう活かしたらよいだろうか？ということでした。

　相談を開示してくれた保育士や勤務する保育所は支援がない訳ではないのです。しかし、現場の保育士にとっては「どうすればよいのか？」という悩みが生じているのです。

　これらの悩みは、大場（2007）が指摘したことに通底するように思われるのですが、発達の様子が気にかかる子どもとその保護者に対して、それぞれの専門的な観点から提示された助言があっても、それらの助言を日々の保育に落とし込んで如何に活かしていけばよいのか？という、いわば「翻訳」に伴う問いのように思われます。

　この「翻訳」を行いつつ、子ども達との毎日の生活と遊びを繰り返す

中で、「翻訳」の成果を練り込む実践を我慢強く続けていこうとする意志が保育者の資質とか専門性によるものと考えられます。

（2）保育士養成と幼稚園教諭養成の変化の結果

　詳細なカリキュラム表の比較をここでは行いませんが、保育士養成課程の新旧比較、幼稚園教諭養成課程の新旧比較を通して、その帰結をご紹介します。

　2019年度に保育士と幼稚園教諭のそれぞれの養成課程が改められ、いわゆる「新カリ」が始まりました。養成校のカリキュラムが改められる場合、その前に、保育の現場である保育所や幼稚園、幼保連携型認定こども園での保育の在り方を方向付ける告示が改められます。

　保育所に対する告示は保育所保育指針、幼稚園に対する告示は幼稚園教育要領、幼保連携型認定こども園に対する告示は幼保連携型認定こども園教育・保育要領と言います。これらの告示は、近年、徐々に同じタイミングで改訂されるようになってきました。2019年度から開始された「新カリ」は、一般に、2017年3月に告示された保育所保育指針、幼稚園教育要領、幼保連携型認定こども園教育・保育要領に対応する形で導入されたものです。

　保育士養成課程では、告示が改められたことを受けて従来の養成課程の見直しが始まりました。その結果、広範囲の教科目についてスクラップ＆ビルドが行われました。乳児保育に関わる「ねらい及び内容（三つの視点）」とそれに続く1歳以上3歳未満の保育内容が五領域の形を踏襲して置かれましたし、また、「養護」という考えがさらに重視され、保育士養成課程に設置された教科目全体で「養護」の重要性に触れることが求められることになりました。

　また、乳児から未満児までの時期において子ども達との関わりの基本となる「受容的・応答的な対応」について提示されました。

　そして、「保育所保育士は幼児教育の一翼を担っているのです」という

主張と共に従前から導入されていた「相談援助」や「保育相談支援」というソーシャルワークに関係が深い教科目が整理統合され、ソーシャルワークのことを学ぶ時間が縮小されました。「福祉的発想」を学ぶ教科目が縮減された、ということです。

　一方、幼稚園教諭養成課程の変化は教育職員免許状を取得できる全国の教員養成課程全体の変化（再課程認定と呼びます）と連動したものでした。そして、私達が「領域化」と呼んでいる大きな変化がありました。

　これまで、学生が幼稚園教諭の免許状を取得するためには、教科の科目（国語や算数）の単位を取っていました。しかし、これからは教科の科目では幼稚園教諭の免許状の取得はできず、保育内容やその指導法についての科目の単位を取らなければいけないことになった、というものです。

　領域化も重要ですが、他の教育職員養成課程と共通して、校種間連携を充実させることという方向性も指摘できます。小学校教諭にとっては、保育所、幼稚園、幼保連携型認定こども園のそれぞれから提出される「要録」を基に一人一人の幼児が取り組んできた「幼児期の終わりまでに育って欲しい（10の）姿」に基づいて指導を行うこと、となっていますから大変です。

　他に、幼稚園教諭養成課程でも「特別の支援を必要とする幼児、児童及び生徒に対する理解」の科目が必修化されたことから、障害を始めとした一人一人の子どもの特別なニーズを把握し、適切な対応を取るための基礎的な知識を学ぶことになりました。

　以上のように、保育士養成課程と幼稚園教諭養成課程の変化について指摘しました。「保育内容特論」を置きたいと考えた理由である「援助」の視点（つまりは「福祉的発想」）を学ぶ教科目が保育士養成課程で縮減され、幼稚園教諭養成課程においては当初から置かれていない、ということは指摘しておきたいと思います。

（3）鍵となる領域「人間関係」

　これまで指摘したように保育の中にある子どもと関わる際の方向性について、「受容的・応答的な対応」という一つの価値が重視されることが打ち出されてきました。保育士養成課程と幼稚園教諭養成課程の改編が行われた際に確認された変化は「福祉的発想」を学ぶ機会の減少を意味していて、そのような状況に対するパッチとして「保育内容特論」を考えたわけです。

　そして、ソーシャルワークの知識・技能に基づいた福祉的発想により子ども支援や保護者支援ができるようになることを考えた時、5領域のうちの「人間関係」において取り扱われている内容から出発するのが宜しかろう、と考えました。

　未満児（1歳以上〜3歳未満）の領域「人間関係」の内容を参照すると、「④保育士等の仲立ちにより、他の子どもとの関わり方を少しずつ身につける」という項目が目を引きます。この項目の文言から、ソーシャルワーカーの役割を想像しました。内容の取扱いからは「③この時期は自己と他者との違いの認識がまだ十分ではないことから、子どもの自我の育ちを見守るとともに、保育士等が仲立ちになって、自分の気持ちを相手に伝えることや相手の気持ちに気づくことの大切さなど、友達の気持ちや友達との関わり方を丁寧に伝えていくこと」とあります。保育現場においては「代弁する」という言い方が取られていた時期もあったのですが、まさに仲立ちを成立させる遣り取りの方法論を持っているのがソーシャルワークです。

　また、以上児（3歳〜5歳）の領域「人間関係」の内容を参照すると、「②自分で考え、自分で行動する」、「③自分でできることは自分でする」、「⑬高齢者をはじめ地域の人々などの自分の生活に関係の深いいろいろな人に親しみをもつ」という項目がソーシャルワークの知識・技能を援用することができます。

　以上の内容②や内容③は、ソーシャルワークでも重視して守っている

自己決定の原則やエンパワメントを基本とした対応に該当します。内容⑬についての詳細は、第11章を参照してください。地域で暮らす人たちとのつながりをよく理解することの重要性は揺るぎません。保育内容特論が領域「人間関係」から立ち上がった大きな理由です。なお、②③⑬という表記は保育所保育指針でのもので、幼稚園教育要領や幼保連携型こども園教育保育要領では（2）（3）（13）と括弧が用いられていますが、それに続く文言は一致しています。

　「保育内容総論」と「保育内容特論」の関係は冒頭で触れましたが、その関係性に基づいて考えると「保育内容特論」の鍵となる領域はなにも「人間関係」に限定されるものではありません。アイデアによっては実にさまざまな「特論」を構成することができるでしょう。

今後の学びに向けて

　これまで見てきたことから、保育士養成課程や幼稚園教諭養成課程において、保育の一つの価値として「受容的・応答的な対応」（どちらかといえば福祉的発想）が重視されてきていることが指摘できます。一方で、保育士養成課程においては福祉的発想を学ぶことができる教科目が削減されています。幼稚園教諭養成課程においては、そのような教科目は置かれていません。これらのことからソーシャルワークを学ぶ意義を逆説的に示すことができました。

　現段階で、保育所のみならず幼稚園や幼保連携型認定こども園において求められていることは、子どもの主体性・能動性を保障する確たる基本的な考え方を整えること、保護者支援を具体的に展開するための知識・技能の体系を整えることです。これらの要求に応えることができるのがソーシャルワークです。

　ソーシャルワークの利点は、問題状況をクライエントの関与する人間

関係や社会について微視的な観点から巨視的な観点までの広い範囲で整理することが可能である点とケアワークやケースワークというように介入対象を状況に応じて多様に焦点化できる点です。

　また、問題解決をクライエントの主体性を引き出す形で実施しようとすることを強調する点が今回の告示の改定理念に沿っています。そして、保育者の資質を向上させる意思は、このようなソーシャルワークが持つ特性によって維持されます。

　以上のような点から、ソーシャルワークの知識・技能の体系を保育内容の実践と同時に学ぶことが、現行の保育者養成課程が抱える課題の解決につながっていきます。

【引用・参考文献】

　大場幸夫『こどもの傍らに在ることの意味―保育臨床論考―』萌文書林、2007年

　厚生労働省『保育所保育指針解説』フレーベル館、2018年

　文部科学省『幼稚園教育要領解説』フレーベル館、2018年

（伊勢正明）

第13章
発達心理学と保育

はじめに

　「発達心理学」は人の成長と共に変わる心の特徴を研究する学問です。ここでの「心」とは幅広く、一般に心と聞いて想像される喜びや悲しみ等の感情をはじめとして、計算・言語等の考える力である認知、ものの見え方や聞こえ方等の知覚、人とのかかわり方等の社会性等も含みます。

　また、人の特徴が形作られる際の遺伝と環境の関係や発達障害等も対象とされ、最近では、生まれる前の胎児の研究も行われています。本章では、「発達心理学と保育」について、発達心理学でこれまでどのようなことが行われており、それを保育にどう活かすことができるかについて述べます。

発達心理学の進展と応用

(1) 子どもの発達のとらえ方

　子どもの発達には、一定の順序があり、寝返りをし、はいはいをし、歩き始めるといったことは、時代によって大きく変わることはありません。しかし、子どもの発達を評価する知能検査や発達検査は、心理学の理論の発展と共に一定の期間ごとに改定がなされています。子どもの発達をとらえるためには、過去から蓄積された知見と最新の変化の両方を理解しておく必要があります。

発達心理学の代表的な問いとしては、「ある行動や思考等が何歳頃（何ヶ月頃）に可能になるか」というものがあります。最も有名なものはピアジェ（1896-1980）の認知発達段階です（Piaget, 2007）。ピアジェは子どもの考える方法や能力の発達には4つの段階があるとして、それぞれ「感覚運動期」「前操作期」「具体的操作期」「形式的操作期」と分けました。子どもの発達を時期で分けることは、日常でも「思春期」という言葉があるように一般の人にもなじみがある方法です。

　ある行動や思考等がいつ頃可能になるかということは国の調査研究や発達心理学研究でもさかんに行われています。**図表 13-1** は厚生労働省の「乳幼児身体発育調査」の結果です（厚生労働省雇用均等・児童家庭局, 2012）。乳幼児の発育状況を把握し成長に役立てるために行われています。例えば、「一般調査による乳幼児の言語機能通過率」によると、一語以上の言葉を話す乳幼児の割合が月齢ごとに示されています。

図表 13-1　一般調査による乳幼児の言語機能通過率　一語以上の言葉を話す乳幼児の割合（%）

7月〜 8月未満	8〜9	9〜10	10〜11	11〜12	1年0〜 1月未満	1〜2	2〜3	3〜4	4〜5	5〜6	6〜7
2.2	6.5	9.0	21.3	40.9	57.6	69.9	79.1	86.1	88.8	89.1	94.7

出典：厚生労働省雇用均等・児童家庭局、2012 年を基に筆者作成

　この表を見ると、10 ヶ月児では約 20%、1歳2ヶ月児では約 80% となっており、人によって異なる、つまり、個人差が大きいことが分かります。「子どもはいつから言葉を話すのか」という、一見簡単に思える問いにも答えることは実に難しいと言えます。このような研究結果は、ある子どもがどの程度の発達水準にあるかを理解する上で、有用なものとなります。発達心理学研究では、様々な行動や思考の発達が対象にされてきました。例えば、子どもはいつから他者の心の存在に気付き、他者を理解し始めるのかという問いです。このような能力は、「心の理論」の能力と呼ばれ、誤信念課題というテストを使って調べられてきました。誤信念課題では、人形劇を子どもの前で見せ、質問に回答してもらいます。人形 A が入れ

物1に入れた物を、人形Aが不在の時に人形Bが入れ物2という別の場所に入れた時に、人形Aはどこにその物が入っていると思うか、という質問です。人形Aは物が移動されたことを知らないので、入れ物1が正解になります。状況によって人は誤解しうるということの理解を問うています。このテストには、だいたい4歳半頃になると正答が可能になることが知られています（Wellman, Cross, & Watson, 2001）。

　他にも、いつから他者の指差しや視線を追うかという問いもあります。他者の指差しや視線を追うことは、言葉の獲得において重要です。保護者がある物を指さしたり見たりして何か新しい物の名前を言った時、同じ物を見ていないと、その名前と物を結びつけることができません。

　このような他者の指差しや視線を追うこと、他には、どのような行動をしていいか分からない時に大人の表情を参考にする社会的参照という行動等をまとめて「共同注意」と呼ばれます。子どもが他者と同じ対象に注意を向けることからこう呼ばれます。共同注意の行動は生後9ヶ月頃から開始するとされており、例えば、指差しを追うことが可能になるのは生後約12ヶ月頃であるという研究があります（Carpenter, Nagell, & Tomasello, 1998）。

　まとめると、子どもの発達には理論が存在すること、子どもの発達をとらえる際に個人差を考えることが重要であること、また、一言に子どもの発達と言っても様々な行動や思考の発達があることが分かります。以上のような子どもの発達の基本的なとらえ方を押さえた上で、過去と最新の知見の両方を頭に入れておくことが重要です。

(2) 研究手法の発展

　発達心理学にかかわらず、心理学では「目に見えない心というものをいかに可視化するか」ということで発展してきた背景があります。例えば、知能指数（IQ）は知能という目に見えないものを可視化するために数量化された指標です。最近では、医学や工学等の他分野との交流もさかんで、

方法は心理学の手法のみにとどまらないため、研究分野を「発達心理学」ではなく「発達科学」と呼ぶ研究者も出てきています。ここでは、そのような流れの中に位置づけられる計測装置を用いたアイトラッカーと脳機能計測の研究を1つずつ紹介します。

　アイトラッカーは、画面を見ている際に人がどこを見ているかを記録し図示できる装置です。発達障害の一種である自閉スペクトラム症の人は、他者の目をあまり見ないことが知られています。このような傾向が、発達上いつ頃始まるのかということを明らかにするために、アイトラッカーが用いられました。このような研究をすることで、自閉スペクトラム症の人は生後最初の段階から他者の目を見ない傾向があるのか、それとも、特定の時期からそれが始まるのか、また、目を見ないことに対して何らかの対処をした方がいいのかどうか、等の問いに答えるきっかけになります。のちに自閉スペクトラム症と診断される子どもを0歳の段階から追跡調査した結果、月齢が上がるにつれて他者の目を見なくなっていくことや生後6ヶ月まではある程度他者の目を見ていることが分かりました (Jones & Klin, 2013)。

　脳機能計測では、NIRS（近赤外分光法）を用いた研究を紹介します。脳機能計測を可能とする装置は様々ありますが、医療用としてよく知られている MRI（核磁気共鳴画像法）は、大きな騒音のする狭い筒の中に入る必要があるため、子どもには不向きです。NIRS は特別な装置に入ることなく、通常の状態時に機器を装着することで、ある行動をしている時の子どもの脳はどう活動しているのかを調べることができます。子どもが自分自身をコントロールする能力（例：泣くことを我慢する）は実行機能と呼ばれ、3歳以降顕著に発達していきます。NIRS を用いた研究により、このような能力の発達と脳の前頭葉の活動が関係していることが分かりました (Moriguchi & Hiraki, 2009)。

(3) 発達心理学の保育への応用

　発達心理学の長年の知見の蓄積は、子どもの支援に応用され始めています。例えば、就学前の自閉スペクトラム症のお子さんの養育に有効とされる JASPER プログラムは、先ほど紹介した共同注意の概念をその支援の中心に据えています（黒田, 2020）。発達心理学と保育の交流が生まれる中、保育者は、「発達心理学」をどのように保育に活かすことができるでしょうか。

　1点目は、子ども理解の方法です。子どもはいつ頃何ができるかということを頭に入れておくことで、特定の子どもの得意・不得意を理解することができます。一方で、発達には個人差があるということも考慮に入れ、柔軟に子どもの発達を理解することも重要です。このような知見の蓄積は、新版 K 式発達検査等の発達検査や WISC 等の知能検査の開発に応用され、子どもの発達の評価に活用されます。また、保育者の気付きが発達障害等の発見につながり、二次障害の予防等の支援につながる可能性があります。

　2点目は、保育活動の考案です。子どもの発達のスケジュールを理解していることで、保育者が保育している子どもたちの年齢に合った保育活動を考える際の参考になります。発達が早い子どもやゆっくりな子どもの発達水準を保育者が正確に把握することで、個々の子ども達に合った対応が可能になるでしょう。

　3点目は、理論やメカニズムの応用です。理論は具体的な保育活動を案出するには抽象的過ぎるかもしれません。最新機器による研究結果が定着し、保育に活かされるには時間がかかるかもしれません。しかし、目の前にいる子どもがこの理論ではこの段階にいるかもしれない、行動上には表れないが脳等の神経システムではこのような変化が起こっているかもしれないと考えることで、子どもに対して違ったとらえ方が可能になります。

子どもの発達の全体像の理解

(1) 環境の中での子どもを意識する

　これまでひとりの子どもがどのように発達するかということを、主に述べてきました。これは、子どもは自分の能力を年齢が上がるにつれて発揮していくというモデルを前提にしています。しかし、子どもは子どもひとりだけで発達していくわけではありません。保護者や保育者を含めた周りの環境に支えられ、成長していきます。心理学はひとりの人間の心理ということで個に焦点を当てる傾向がありますが、環境から子どもへの影響という視点は見逃してはいけない点です。どうしてもひとりの子どもを集中的に観察していると、その子の特徴が周りの様々な出来事や問題を生み出しているように思えてしまいますが、周りの環境との関係でそれらが生み出されていることを考えていく必要があります。保育の中での環境とは、同じクラスの友だち、担任の先生、保育室の配置、園庭の様子等様々であり、また、最近では、家庭環境も非常に多様化しています。

　環境において重要な概念として、ブロンフェンブレンナー（1917-2005）の生態学的モデルがあります（Bronfenbrenner, 1996）。この概念の要点は、子どもと環境は相互に影響し合うこと、環境を子どもに近い環境から遠い環境というように、いくつかの階層に分けたこと、環境間も相互作用することにあるといえるでしょう。ブロンフェンブレンナーは環境を4つのシステムでとらえました。これは、子どもを中心として同心円状に広がっていきます。

　最も子どもに近い順から述べると、1つ目はマイクロシステムで、子どもと直接関わる環境、つまり、家庭や園等を指します。2つ目は、メゾシステムで、子どもと直接関わる環境同士の相互作用を指します。例えば、家庭と園で対応が異なっていたり、その間に葛藤があったりすると、子

どもに悪影響を与える場合があるでしょう。3つ目は、エクソシステムで、子どもには直接関係しないが間接的に影響を与える環境、つまり、両親の職場やきょうだいの通っている学級等を指します。4つ目は、マクロシステムで、それより小さなシステムに影響を与える文化や価値観等を指します。子どもの行動や特性の原因を考える際に、子どもに近接した環境の影響を考えることはもちろん、他にも様々なレベルの環境が複雑に関係していることを想定することは重要といえます。

　他には、サメロフ（1937-）は、相乗的相互作用モデルを提唱しています（Sameroff, 2009）。環境の要因（保護者等）と子どもの要因が相互に影響し合うというものです。例えば、保護者のストレスを感じやすい性質が子どもとのかかわりに悪影響を与え、子どもが不機嫌になり、それによって保護者がさらにストレスを感じるというようなことがこのモデルでは説明されます。保育者は、保護者のストレスを和らげることや、子どもとのかかわりで子どもに違った反応を促すことで、この悪循環を止める存在になれる可能性があるでしょう。

　まとめると、子どもはひとりで育つのではなく周りの人も含めた環境によっても育てられるということ、環境には様々な階層があり子どもに影響を与えること、子どもの育ちにおいて保育者や保護者と子どもの特性が相互に影響し合うこと、が重要な点です。保育者は子どもの発達を子どもだけでなく、環境との相互作用でとらえていく視点が今後も重要になるでしょう。

(2) 必要な学び

　発達を支える人は、子どもがどのように発達していくのかという「一般性」と、人によってそれが違うことがあるという「個人差」両方を理解しておく必要があります。また、子どもの発達は、子ども自身の要因と周りの環境の要因の両方から生じることも重要です。学びを進めることで、より深い子ども理解やより良い保育活動の考案が可能になると考

えられます。発達心理学と保育の交流が、今後より一層子どもの発達に貢献することを願います。

【引用・参考文献】

Bronfenbrenner, U. 磯貝芳郎・福富護, 訳『人間発達の生態学:発達心理学への挑戦』東京: 川島書店 1996年　Bronfenbrenner, U. The ecology of human development: Experiments by nature and design. Cambridge, MA: Harvard University Press. 1979

Carpenter, M., Nagell, K., & Tomasello, M. Social cognition, joint attention, and communicative competence from 9 to 15 months of age. Monographs of the Society for Research in Child Development, 63(4), Serial No. 255. 1998

Jones, W., & Klin, A. Attention to eyes is present but in decline in 2-6-month-old infants later diagnosed with autism. Nature, 504, 427-431. 2013

厚生労働省雇用均等・児童家庭局『平成22年乳幼児身体発育調査報告書』2012年

黒田美保「コミュニティーでの支援を実現するJASPERプログラム」『子どものこころと脳の発達』11, 28-34. 2020年

Moriguchi, Y., & Hiraki, K. Neural origin of cognitive shifting in young children. Proceedings of the National Academy of Sciences, 106, 6017-6021. 2009

Piaget, J. 中垣啓, 訳『ピアジェに学ぶ認知発達の科学』京都:北大路書房 2007年　Piaget, J. . Piaget's theory. In P. H. Mussen (Ed.), Carmichael's manual of child psychology: Vol.1 (3rd ed., pp. 703-732). New York: John Wiley & Sons. 1970

Sameroff, A. J. The transactional model. In A. J. Sameroff (Ed.), The transactional model of development: How children and contexts shape each other (pp. 3-21). Washington, DC: American Psychological Association. 2009

Wellman, H. M., Cross, D., & Watson, J. Meta-analysis of theory-of-mind development: The truth about false belief. Child Development, 72, 655-684. 2001

（浅田晃佑）

第14章
保育内容の熟考

わが国における保育内容をめぐる黎明期と現代

　わが国では 1876 年に、はじめての幼稚園である東京女子師範学校附属幼稚園ができました。当時の保育内容は「保育時間表」においてそれぞれ 30 分〜45 分に分けられた時間の中で、子ども達が日々、フレーベル（1782-1852）による各種の「恩物」を用いるというものでした。それは、同園を範としてできた全国の幼稚園に受け継がれていきました。

　その後、数十年を経て恩物中心の保育が転換していきました。つまり、子どもの生活は遊びそのものであると、子どもの「遊びの自由感」を尊重した保育内容への転換がみられるようになったのです。東京女子高等師範学校附属幼稚園の園長を務めた倉橋惣三（1882-1955）による「系統的保育案」（東京女子高等師範学校附属幼稚園編『系統的保育案の実際』日本幼稚園協会、1935 年）にはそれが顕著です。

　この「系統的保育案」における、小学校就学を目前に控えた年長児クラスの第 3 保育期を見てみると、1 月から卒園までの 9 週間にわたって継続する動物園の遊びが示されています。子ども達は身近な小動物から集団で製作する大型動物に至るまでの「手技」に取り組んだり、動物の写真を見て動物を「観察」したりします。また、最終週には子ども達の手による動物園を開園します。開園に向けて子ども達は、動物園職員に扮した役割を決めたり、動物園に関するポスターや入場券を製作したりします。こうして、「動物園」の主題に基づきながら遊びが連続性をもって展開されたのです。

今から約 90 年前の戦時中、そろそろ戦況の悪化がみられた時代です。1935 年は幼稚園就園率が 6.6％であり、社会における幼児教育への理解が現在のように浸透していない状況でもありました。そうした背景にもかかわらず、幼い子どもの「遊びの自由感」を尊重し、「動物園」を主題とした保育内容を、2 ヶ月以上にわたり子どもの興味関心を持続させつつ展開できたという当時の保姆の力量は相当なものだったということがわかります。子ども理解に努め、よりよい保育内容を模索しようとしていた当時の保姆達の気概は、現代の保育者のみならず、今後の保育者にも継承されなければならないでしょう。

　ところで、わが国の幼稚園教育が誕生してから 150 年余りとなりました。現代のわが国における幼稚園、保育所、認定こども園等の幼児教育施設の利用者数を「幼稚園・保育所等の年齢別利用者数及び割合（平成 30 年度）」（文部科学省「幼児教育の現状」）で見ると、5 歳児で 98.3％に達しており、生涯にわたる学びの基盤として幼児全般に就学前教育がなされていることがわかります。あらゆる子どもが最善の幼児期を過ごすことができるように、次のような幼児教育の探究が望まれています。

　近年、幼児教育の経済的効用に関する海外の研究等をきっかけとして、幼児教育の質の向上をめぐる重要性が国際的に共有されるようになりました。明治期以来の幼児教育史に根差したわが国独自の幼児教育の理念を尊重しつつも、一方では、幼児教育をめぐる世界的動向に示唆を得る必要があるということを念頭に置いておく必要を感じます。

　また、これまで予想さえしなかった疫病に苦闘し、経済や健康、そして人生について人々が憂慮する時代の渦中に私達は生きることとなりました。こうした社会の危機的状況は、今後もより複雑で深刻なものになる可能性があります。大人の不安や戸惑い、時には絶望感にさいなまれる姿はおのずと子ども達の視界に入るものとなり、幼児教育も激動する社会とは無縁ではないという視点も不可欠でしょう。

　こうして、私達は現代の子ども達に改めて目を向け、あらゆる子ども

達が最善の子ども時代を過ごし、また、豊かな言葉とまなざしを持った文化の継承者及び創造者となりうるために、幼児期においてどのような文化との出会いを彼らに提供すればいいかを今一度考えなければなりません。特に幼い子ども達に直接関わる保育者は、幼児教育の時空間において、子ども達が出会うべき文化について熟慮し、文化の翻訳を経て、具体的にどのような保育内容を彼らに提供するかという考察が必要です。

　本章では、現代のわが国の幼児教育をめぐる上記の状況に照らして、幼児教育の世界的動向を踏まえた保育内容、現代の危機的状況において要請される保育内容、普遍的に求めていきたい保育内容のあり方を考えたいと思います。

保育内容をめぐる熟考ー文化の翻訳者としての保育者

（1）幼児教育の世界的動向を踏まえた保育内容

　幼児教育の質が国際的に問われるようになった近年においては、OECD（経済協力開発機構）やユニセフ（国連児童基金）等の調査結果から、諸外国の幼児教育の状況を客観的に窺い知ることができるようになりました。ここでは、OECD による「国際幼児教育・保育従事者調査2018報告書」の「子供が将来の人生を生き抜くために育てたいスキルや能力に関する保育者及び園長・所長の信念」という調査結果から、わが国の今後の保育内容のあり方をめぐる課題を見出してみましょう。

　わが国では、子ども達の集団形成力の育成に不可欠である「他者とうまく協力しあえる能力」や、子どもの主体性の育成に関連付けられる、「自分自身の好奇心に基づいて調査・探究する力」という子どもの「能力」を育む必要性が7割以上の保育者に共有されています。これらは、子ども達がよりよい文化形成者となるために幼児期から育てたい能力ということがいえ、その必要性は国際的にも共有されています。

図表 14-1 子供が将来の人生を生き抜くために育てたいスキルや能力に関する保育者及び園長・所長の信念（%）

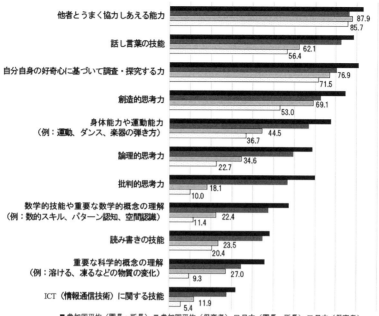

■参加国平均（園長・所長）　■参加国平均（保育者）　▣日本（園長・所長）　□日本（保育者）
※調査では、「あまり重要でない」「ある程度重要」「非常に重要」の3つの選択肢のうち、
　「非常に重要」との回答について整理している。

出典：OECD 国際幼児教育・保育従事者調査 2018 −質の高い幼児教育・保育に向けて−結果のポイント
　　　国立教育政策研究所 HP

　一方、わが国では、「話し言葉の技能」以外の多くの「技能」や、創造
的思考力以外の「論理的思考力」及び「批判的思考力」の「能力」を育
てることを重要視する保育者は半数以下にとどまっています。

　さらに、「数学的技能や重要な数学的概念の理解（例：数的スキル、パター
ン認知、空間認識）」を育てることを「非常に重要」と捉えている保育者
は11.4％であり、「重要な科学的概念の理解（例：溶ける、凍るなどの物質
の変化）」は9.3％にとどまり、また、現代的課題である「ICT（情報通信
技術）に関する技能」に至ってはわずか5.4％です。おそらく、こうした
項目は就学後の小学校教育において、「生活科」を中心に各教科で具体的
に扱われる教育内容であるとの認識によるものと思われます。

ところで、ここで改めてわが国の幼児教育を俯瞰してみると、領域「環境」にも関連する、科学的概念の理解や数学的概念の理解が子ども達の諸経験において実際はなされているということに気付きます。例えば、真冬の園庭で水道の蛇口が凍り、水の出ない状態から太陽が降り注ぐ正午の氷の溶解に、「朝は凍っていたけれど、おひさまが出てやっと水が出るようになったよ！」と、多くの保育者は子ども達に意識的に注意を促すでしょう。ここには子ども達の生活の中で、科学的概念の理解のチャンスを逃さないようにとの保育者の配慮があるのです。つまり、子ども達の生活と遊びにおいて、保育者は日々、子どもの多様な経験を通して科学的概念の理解や数学的概念の理解を促そうとしています。

　それにもかかわらず、わが国の保育者が「科学的概念の理解」や「数学的概念の理解」の項目をあまり重視していないように見える調査結果が生じたのはなぜでしょうか。それは、特に若年層の保育者に、自らの日々の実践が「科学的概念の理解」や「数学的概念の理解」に関連しているという自覚がなかったり、こうした用語として言語化することに慣れていなかったりする傾向があるからなのかもしれません。

　そこで、保育者をめざす皆さんには、子ども達に育もうとするどのような「技能」や「能力」に自分の保育実践が関連付けられているのかを説明できる力を身に付けてほしいと思います。言い換えれば、自分が子ども達に提供する保育内容が、広く文化のどのような分野に相当するかという自覚を持つことができるようにしていただきたいのです。先の例で言えば、自然科学という学問分野を広く見つめ、それを日々の保育内容にどう翻訳して子ども達に提供するのかという、文化を捉える力が求められているのです。

　そうした力量を身に付けるためには、一見すると保育とは無関係と思われる学問分野全体に学生時代から精通しておく必要があります。多くの学びを経ることによって、文化を読み解きつつ、子ども達が出会うべき豊かな保育内容を熟考しうる保育者となることができるでしょう。

(2) 現代の危機的な状況において求められる保育内容

　2020年の世界的な疫病の蔓延は、これまでの私達が経験したことのない危機的な状況を意味しており、また、それはいつ終息するかわからないものとなりました。従来、保育者は、子ども達のよりよい未来を作り出そうと努めてきましたが、希望が見出せない現状においては、大人としての責務に対する自信を失いかけています。しかしながら、一方では、このような状況であるからこそ、子ども達に本当に必要なものが浮かび上がってきたようにも思われます。すなわち、幼稚園等の集団保育において、子ども達が互いに自他のいのちを尊重する、「いのちの保育」が改めて求められているといってよいでしょう。

　実は保育者は日常的に「いのちの保育」を行っています。子どもが遊びにおいて多様な動きを経験する中で、しなやかな身体を作ることは、何事にも柔軟な精神を獲得することにもつながります。言い換えれば、領域「健康」では、これまで経験したことがない危機的な状況にあっても、そこに希望を見出して柔軟に対応していこうとする気力と体力を育んでいるのであり、「いのちの保育」の基盤をここに見出すことができるのです。また、領域「人間関係」で問われる、遊びの中での友達との折り合いをつける自分の気持ちの調整能力は、規範意識に根差した安心で安全な社会の形成につながるという点で、自他のいのちを相互に守っていく姿を育てます。さらに、領域「環境」における生命の尊さへの気づきや、領域「言葉」での他者の言葉に対する傾聴の姿勢、領域「表現」での美に心を震わせるいのちの質の向上等、「いのちの保育」は保育の至るところでなされています。

　ここから、保育者は「いのちの保育」を意図的に設定する指導計画の作成のみならず、むしろ、子どもと共有する生活と遊びの中に「いのちの保育」の諸側面を見出しながら、子ども達のいのちの質を高めていくことが求められます。各領域の保育内容の深層を捉えながら、各領域を融合した保育内容を有機的に構築することが求められているのです。

(3) 普遍的に求められる保育内容

　幼児期において子ども達が出会うべきものの一つに、芸術があります。芸術は、芸術家の感性が世界を捉え、その感性を通して芸術家が世界に対して自由にその感性を表したものです。子ども達が芸術に出会う時、そこには「自由に自分を表現する他者」としての芸術家との出会いがあるということができます。

　そこで、この強い個性を持つ芸術家との出会いをもたらすために、一例として、幼児を対象とした美術館における美術作品鑑賞プログラムを紹介したいと思います。「幼児期の子どもたちがそもそも美術作品を鑑賞することができるのか？」、「作品保護や他の来館者への配慮から美術館という場は幼児が訪問するには時期尚早なのではないか？」等、多くの疑問が生じるでしょう。しかしながら、幼児期の子ども達の美術作品に対するまなざしや言葉は、時に作品名や作品の貨幣価値を気にする大人に対してきわめて自由であり、作品に込められた芸術家の制作理念を言いあてることも多いのです。子どもを美術館の「見学者」として捉えるのではなく、作品の「鑑賞者」として尊重する必要を感じます。

　なお、美術作品には、子どもには容易には越えることのできない強い個性を持つ「他者（＝作家）」の生がみなぎっています。それ故に美術作品を前に、時に子どもは、「この絵はあまり好きじゃない」、「描き方が変だ」という言葉と共に、圧倒、葛藤、拮抗等を含む体験を余儀なくされます。先に述べたように、わが国の保育ではあまり重点的に扱われていない「批判的思考力」がここで育まれるといってよいでしょう。

美術館における年長児による美術鑑賞

　一方では、作品を前に友達と共に自由な言葉を発して作品を鑑賞する体験から、ものの見方の違いを認め合う共同的な探求がなされ、対話的な学びが保障されます。幼稚園等では寡黙な子どもが、美術館の作品を前に突然、饒舌になる事例にも事欠きません。保育内容

を幼稚園等の空間にのみ求めるのではなく、園外の諸施設にも見出すことができるよう、まずは保育者自身が多様な空間に身を置く諸体験を積むことが必要です。幼い子どもであっても「鑑賞者」として尊重される非日常的空間で過ごすひと時は、文化の担い手としての自覚をもたらします。自分のまなざしで美を見出し、美との出会いに心が震える経験を彼らに提供したいものです。

保育内容を熟考できる保育者になるために

　近年、巷にはインターネット等を通じた保育の諸情報があふれています。それらに安易に追随したり、無批判に模倣したりするという選択をすれば、表面的には保育がつつがなく継続していきます。しかしながら、それは子どもの「遊ぶ権利」を尊重し、子どもにとって最善の保育をデザインしようという誠実性によるものではないでしょう。

　やがて保育者となり、子どもの人生の一端に関わる者として、子ども達がかけがえのない子ども時代を過ごし、豊かな諸経験ができるよう、誠実に保育内容の熟考に努めましょう。そのためには、学生時代から広く文化を読み解き、子どもの発達や興味・関心に照らしながら、文化をどのような保育内容として翻訳しうるのかという、豊かな視点を醸成していくことが必要です。

【引用・参考文献】
　国立教育政策研究所編『幼児教育・保育の国際比較　OECD国際幼児教育・保育従事者調査2018報告書　質の高い幼児教育・保育に向けて』明石書店、2020年
【写真協力】
　しらゆり幼児園（栃木県宇都宮市）、宇都宮美術館にて筆者撮影

（有馬知江美）

【編著者紹介】

白鷗大学　幼児教育・保育研究会

有馬知江美（ありま・ちえみ）
　白鷗大学教育学部　教授

岩城　淳子（いわき・じゅんこ）
　白鷗大学教育学部　教授

中村三緒子（なかむら・みおこ）
　白鷗大学教育学部　准教授

【カバーイラスト・挿画】
齋藤　千明（さいとう・ちあき）
　白鷗大学教育学部　准教授

【執筆者紹介】

中村三緒子（なかむら・みおこ）
　第1章　前掲

岩城　淳子（いわき・じゅんこ）
　第2章　前掲

馬場　康宏（ばば・やすひろ）
　第3章　東京成徳短期大学 教授、白鷗大学教育学部 非常勤講師

山路　千華（やまじ・ちか）
　第4章　白鷗大学教育学部 講師

山野井貴浩（やまのい・たかひろ）
　第5章　文教大学教育学部 准教授、前 白鷗大学教育学部 准教授

浅木　尚実（あさぎ・なおみ）
　第6章　白鷗大学教育学部 教授

荒井　弘高（あらい・ひろたか）
　第7章　白鷗大学教育学部 教授

齋藤　千明（さいとう・ちあき）
　第8章　前掲

今田　政成（いまだ・まさなり）
　第9章　白鷗大学教育学部 教授

内山須美子（うちやま・すみこ）
　第10章　白鷗大学教育学部 教授

佐藤ちひろ（さとう・ちひろ）
　第11章　白鷗大学教育学部 准教授

伊勢　正明（いせ・まさあき）
　第12章　白鷗大学教育学部 教授

浅田　晃佑（あさだ・こうすけ）
　第13章　東洋大学社会学部 准教授、前 白鷗大学教育学部 准教授

有馬知江美（ありま・ちえみ）
　第14章　前掲

町田加代美（まちだ・かよみ）
　コラム①③⑤⑧　白鷗大学教育学部 実習サポート室

今里　淳平（いまさと・じゅんぺい）
　コラム②④⑥⑦　白鷗大学教育学部 実習サポート室

装丁・楽譜作成／本田いく

図表作成／長谷川正和

これからの保育内容

2021年7月30日　初版第1刷発行

編著者　白鷗大学　幼児教育・保育研究会
発行者　菊池 公男

発行所　株式会社 一藝社
〒160-0014 東京都新宿区内藤町1-6
Tel. 03-5312-8890　Fax. 03-5312-8895
E-mail : info@ichigeisha.co.jp
HP : http://www.ichigeisha.co.jp
振替　東京 00180-5-350802
印刷・製本　シナノ書籍印刷株式会社

子どもの幸せってどんなこと？
ちょっと気になる
となりの保育

子どもの
最善の利益
から考える

保育
実践例

寳川雅子 編著

A5判　1,389円（税込1,528円）
ISBN 978-4-86359-184-4

ご注文は最寄りの書店または小社営業部まで。小社ホームページからもご注文いただけます。

一藝社の本

自然と社会と心の人間学

編著
佐藤真弓・齋藤美重子

生きてく
生きてる
生きること

A5判　1,800円（税込1,980円）
ISBN 978-4-86359-209-4

ご注文は最寄りの書店または小社営業部まで。小社ホームページからもご注文いただけます。

一藝社の本

基本的生活習慣の発達基準に関する研究

— 子育ての目安 —

谷田貝公昭

髙橋　弥生

A5判　2,300円（税込2,530円）
ISBN 978-4-86359-221-6

ご注文は最寄りの書店または小社営業部まで。小社ホームページからもご注文いただけます。